9士業が経営をアドバイス!

[弁護士・税理士・司法書士・行政書士・一級建築士・土地家屋調査士・社会保険労務士・不動産鑑定士・中小企業診断士]

経営に活かす!
新
法律活用術

LLPゼフィルス

風媒社

まえがき

２００５年12月、私たち「ゼフィルス会」は「ＬＬＰゼフィルス」に衣替えしました。「ＬＬＰってなんなの？」という疑問が聞こえてきそうですが、２００５年８月初めから登場した有限責任事業組合「Limited《リミテッド》 Liability《ライアビリティ》 Partnership《パートナーシップ》」の日本版のことです。詳しくは、本書の中（ＰＡＲＴ１「Ｑ１」及び「座談会３」）で説明していますのでお読みください。

本書は、２００３年３月に出版した『負けない不動産活用ノウハウ30』の第２弾です。本書は前書よりも、さらに分野を拡大し、弁護士、税理士、司法書士、行政書士、一級建築士、土地家屋調査士、社会保険労務士、不動産鑑定士、中小企業診断士の９分野17名の共著です。内容も、不動産活用中心から中小企業経営中心へと変わっています。

さて、私たちはお客様と話をしていて、「もう少し早めに相談に来てくれたらよかったのに、残念だな」と思うことが度々あります。なぜでしょう。おそらく、「どこへ相談していいのかわからない」「何から相談すればいいのかわからない」「自分の周りに専門家がいない」という理由から、解決を後回しにしているからではないでしょうか。これでは解決を難しくするどころか致命的な結果を招くこともあります。それは、お医者さんと患者さんの関係と同じです。信頼できるホームドクターを決め、こまめに診察してもらうのが大切であるように、信頼できる専門家に相談し、こまめにチェックしてもらうことが大切ではないでしょうか。そうすれば、大病に罹《かか》るのを防ぐことができますし、早期発見により無事完治できることになります。

まずは、メンバーが広く扉を開き、わかりやすく説明し、体験してもらうことから始めたい。このような思いからLLPゼフィルスを結成しました。私たちの役割は、みなさんの身近なパートナーになることです。いわゆる道先案内人です。その案内の先に、質の高い専門家を配置し、万全の対策を講じる。これこそ私たちが目指す理念です。

めまぐるしく変動する社会において、企業経営者、中でも特に中小企業経営者は、早期の対策、的確な判断をしなければ命取りになります。しかし、残念ながら、専門家がスピーディに的確なアドバイスをできる環境はできていません。今こそ、幅広い分野にまたがる専門家集団が身近な存在になることが求められています。電話一本で、もしくはメール一回ですばやく反応する組織を築き上げたいと思います。

また、確かな技術やノウハウを保有しているにもかかわらず、それを充分に活かしきれない中小企業経営者も大勢います。そこでは、専門家集団がアドバイスすることにより道が開けることも多いと思います。私たちは中小企業の潜在的な力を掘り起こすお手伝いをさせていただこうと思っています。

本書は、「リーガルクリニック」と題して、24回にわたり新聞に連載した記事を基に再編集したものです。PART1「攻めに生かす活用術」、PART2「守りに生かす活用術」、PART3「新法・新制度の活用術」で構成され、中小企業経営者の身近な問題により近づけるよう心がけました。また、「社外ブレーンとして専門家を活用する　その1」「社外ブレーンとして専門家を活用する　その2」「LLPと士業のネットワーク」を題材に3回の座談会を開き、著者からのアプローチを試みています。

この本は最初から順に読んでいただくのが一番ですが、ご自分の身近な問題や悩み、興味のある部分をピックアップして読むことも可能です。実務家が現場を通して体験しているからこそ書けた文章を味わってください。

前書でも述べましたが、このような幅広い分野にまたがる専門家集団による特定な問題に対するアプローチは、他に類を見ないのではないかと思います。この本が、いま悩んでいる問題の解決の糸口となることを切に願います。また、さらに進んで私どもＬＬＰゼフィルスに、ご一報くだされば、よりいっそうのアドバイスができますことを自信を持って宣言いたします。

なお、ＬＬＰゼフィルスは、本書の著作にとどまらず様々な活動を展開しております。詳しくは、http://e-zephyrus.com/　をご覧ください。

２００６年盛夏

ＬＬＰゼフィルス代表組合員　　寺町　敏美

経営に活かす！　新・法律活用術　目次

Part2 守りに生かす活用術 99

Part3 新法・新制度の活用術 171

Part1

攻め

に生かす活用術

Q1 「ＬＬＰ」で共同事業をはじめるには

知り合いから私の会社の精密機械製造技術と、向こうのアイデアとを基にして共同して新製品を開発したいという提案がありました。その時、「ＬＬＰ」により提携したいといっています。最近、新聞などでもよく目にする「ＬＬＰ」とは、どんなものですか？

（55歳・会社経営者）

有限責任で組織構成、損益分配が自由

A　（司法書士）　ＬＬＰとは、「Limited《リミテッド》 Liability《ライアビリティ》 Partnership《パートナーシップ》」日本語では有限責任事業組合と言います。平成17年8月に認められた組織形態です。

Q　「有限責任」とは、どういうことですか。

A　ＬＬＰの債権者に対して出資金の限度でしか責任を負わない、という意味です。ＬＬＰの場合、組合員（ＬＬＰに参加した者は組合員と呼ばれます）は、金銭などの財産を出資して参加するわけですが、ＬＬＰの債権者から、組合員の責任として出資金以上に金銭を支払えとは要求されない、ということです。

Q　株式会社と同じですね。

A　有限責任という点では株式会社と同じです。しかし、組織の構成は、株式会社と大きく違います。株式会社は法律で取締役など内部組織・権限がきっちり定まっていますが、LLPは組合員の意思で組織構成を自由に決めることができます。また、損益の分配についても、株式会社は出資の比率により自動的に決まりますが、LLPは組合員間の合議で、自由に決めることができます。

また、損益についての課税ですが、構成員課税といって、LLPには課税されず、組合員に直接課税される点が、大きな特徴です。

構成員課税のメリット

Q　構成員課税について、もう少し詳しく教えてください。

A　株式会社では、利益が出て株主に配当がされた場合、株式会社への法人課税と、株主への配当金の課税と、二重の課税がなされます。一方、LLPでは損益分配割合により利益を受けた組合員についてだけ課税されるというものです。損失についても、株式会社は会社のみが損失を計上できますが、LLPは分配割合により損失を受けた組合員が、自分の他の所得とLLPの損失を通算することができます。ただし、自分の出資額以上の損失を通算することはできません。

Q　それはメリットが大きそうですね。

A　ただし注意しなければならないのは、LLPは共同事業性が要件とされているということです。業務執行の全部を他の組合員に委任することはできず、また業務執行の決定にも、重要事項については全組合員の同意が必要です。ですから、損失の取り込みだけのために出資のみして、他は任せきりということは許されません。

設立手続は簡単

Q　ＬＬＰの設立手続を教えてください。

A　会社設立に比べると簡単です。組合員全員がＬＬＰの基本となる事項を定めた組合契約書を締結し、契約書に記載した出資金を組合員が払い込み、その後、ＬＬＰの所在地を管轄する法務局に組合契約の登記をすれば終了です。株式会社のように、公証人による定款の認証という手続きは必要ありません。

法人格がない

Q　登記が終わればＬＬＰが設立されるわけですね。

A　注意していただきたいのは、ＬＬＰには法人格がないということです。

Q　法人ではないのですか。

A　法人格はありません。だからＬＬＰの名前で固有の財産をもつこともできません。財産は全組合員の共有という形で所有されます。そして、この共有も組合員の一人が自分の持分を勝手に処分するとＬＬＰの活動に支障が起きますから処分が制限されます。例えば、不動産の所有権ならば全組合員の共有名義で登記され、同時に共有物分割禁止の登記を行います。

Q　対外的な契約は、どうするのですか。

A　契約は組合員が、ＬＬＰ組合員○○○というように、組合員の肩書付きで契約すれば、その組合員だけではなく、全組合員に契約の効力が生じます。

Q　一人の組合員の行為に全組合員が責任を負うということになると、よほど信頼関係がないといけませんね。

A　責任と言っても有限責任ですから、出資の範囲でしか責任を負いません。しかも、出資は組合加入の時に支払っていますから、それ以上の責任はありません。ですから強い信頼関係が絶対に必要ということではないでしょう。

組合員の資格

Q　組合員となるのに、なにか資格制限がありますか。

A　別にありません。個人でも法人でも組合員になることができます。ただし、組合員の内、最低一人以上は日本国内に居住している個人か内国法人でなければなりません。

Q　一度ＬＬＰに加入したら脱退はできないのですか。

A　原則として「やむを得ない場合」にだけ脱退できます。ただし、組合契約で別に脱退できる場合を約定することはできます。

Q　「やむを得ない場合」とは何ですか。

A　たとえば、当初の組合設立の目的を変更したため、組合員個人の事業に著しい損害を受ける場合などですね。

Q　出資金額に制限はありますか。

A　制限はありません。一人1円以上であればかまいません。ただし、「金銭その他の財産」と規定されていますから、労働での出資はできません。

株式会社への変更はできる？

Q 将来ＬＬＰを株式会社に変えることはできますか。

A それはできません。ＬＬＰを会社にしようとするならいったんＬＬＰを解散し、あらためて株式会社等を設立しなければなりません。将来、株式公開の計画があるのなら、ＬＬＰではなく、ＬＬＣ（合同会社）はどうでしょう。

Q ＬＬＣとはなんですか。

A ＬＬＣとは、「Limited《リミテッド》 Liability《ライアビリティ》 Company《カンパニー》」日本語では「合同会社」と言います。これは、平成18年の新会社法で認められる組織形態で、有限責任の構成員のみで組織される会社形態です。内部組織の形や利益配当は構成員が自由に決定でき、業務執行の決定は原則として構成員全員の同意が必要な点はＬＬＰと同じですが、異なる点は合同会社には法人格があることです。法人格があるため、税制上はＬＬＰの構成員課税がなく、株式会社と同じ取扱いとなります。合同会社ならば、組織変更という形で株式会社に変えることができます。

一定の目的をもった小規模の組織体向き

A ＬＬＰは、名前が示すとおり「組合」で、個性が重視された個々人の集合体であり、大規模な組織には適しません。一定の目的を持って、役割分担し共同して目的を達成する、ということに適した組織です。ベンチャー企業や中小企業と大企業の連携、産学の連携、個々人の専門知識を生かした共同事業など、いろいろな分野での共同事業体としての活動が期待されます。ＬＬＰの特徴をよく掴んで、事業を立ち上げてください。

ポイント

ＬＬＰは、組合員の個性を重視した有限責任の組合で、小規模な団体に適しています。

1　法人格はありませんが、登記が必要です。
2　組織構成・損益分配が自由にできます。
3　構成員課税が特徴です。
4　共同事業性が要件です。

Q2 「不動産の証券化」で資金調達したい

私は、名古屋市内で従業員50人の繊維卸会社を経営しております。会社は、本社の土地建物の他に1500坪の更地（現在駐車場）を所有しています。この土地を元に新たな事業を展開したいと思っています。アドバイスをお願いします。

（50歳・会社経営者）

資金調達の方法

A（司法書士）　ところで、本業の会社の業績は順調ですか。

Q　ええ、順調です。しかし、当社には、土地の他に資金がないので、その点も教えてください。

A　実際の土地を見てからでないと具体的な話はできませんが、土地を生かして安定収入を確保する方法を考えましょう。あなたの課題は土地をいかに有効に活用するかという問題と、活用のための資金調達をどうするかという2つの問題になります。有効活用については、弊会の前著書『負けない不動産活用ノウハウ30』（風媒社発行）のＱ８「不動産の有効活用の基本」がありますので、それを参考にしてください。ここでは、活用のための資金調達についてお話します。

Q　では、資金はどのように調達すればいいのですか。

A　銀行から融資を受けるというのが一般的です。しかし、新規事業を始める場合、銀行も融資に慎重です。そこで、国や地方自治体の公的な融資を利用する方法も考えられますが、ここでは、別の方法を考えてみましょう。

Q　その他にもあるのですか。

A　ええ、いわゆる「不動産の証券化」をベースにしたものがあります。

不動産の証券化とは

Q　え？　不動産の証券化ですか。なんのことです？

A　不動産の証券化とは、「不動産を株式や債券のように証券として扱うようにしましょう」ということです。「不動産は先祖代々引き継がれるもの」「不動産は衣食住の基本要素の一つである」という伝統的な認識から脱却して、「不動産も投資対象」の一つとして考えようということです。

Q　うーん、よくわかりませんね。

A　では、わかりやすく説明します。少し話がずれるのですが、あなたは、土地の値段はどのように決めますか。

収益還元法による価格評価

Q　隣の土地が1坪○○万円で売れたから、ここも1坪○○万円くらいだなというふうに決めるのでは？

A　一般的にはそうですね。ところが、不動産の証券化に際しては、この点が違います。例えば「この土地が1年の間にどれだけ収益を上げるか」という土地の収益に注目するのです。これを収益還元法（※注1）と言います。あなたの会社の土地は現在駐車場として利用していますので、駐車場の賃料を元に価格を決めることになります。

A　でも、それではものすごく安くなってしまいますよ。

Q　確かに駐車場賃料はそれほど効率が良くないので安くなってしまいますね。では、他の有効利用を考えてみましょう。

不動産証券化の仕組み

Q　私には、そんな難しいことはできないのですが、どうしたらいいのですか。

A　大丈夫です。活用方法の決定や事業の試算などの不動産運用計画については、専門家が責任をもってしてくれます。あなたの土地やその周辺の環境などを綿密に調査して、もっとも効率的な事業計画を策定します。

Q　計画はできても、資金調達ができないのでは？

A　その点についても、ここで不動産証券化の仕組みを説明します。先ほど言ったように、不動産と証券とはまったく異なったものです。それを結びつけるのが、「ビークル（※注2）」（ＳＰＣ）と呼ばれる仕組みです。さらに不動産信託をセットして、不動産の「所有権」から「信託受益権」という権利に変更します。この信託受益権に対して投資を募集するのです。出資者は不動産から得られる収益に注目して投資するのです。もっとも標準的なものを図にしたので参考にしてください。

不動産証券化基本図

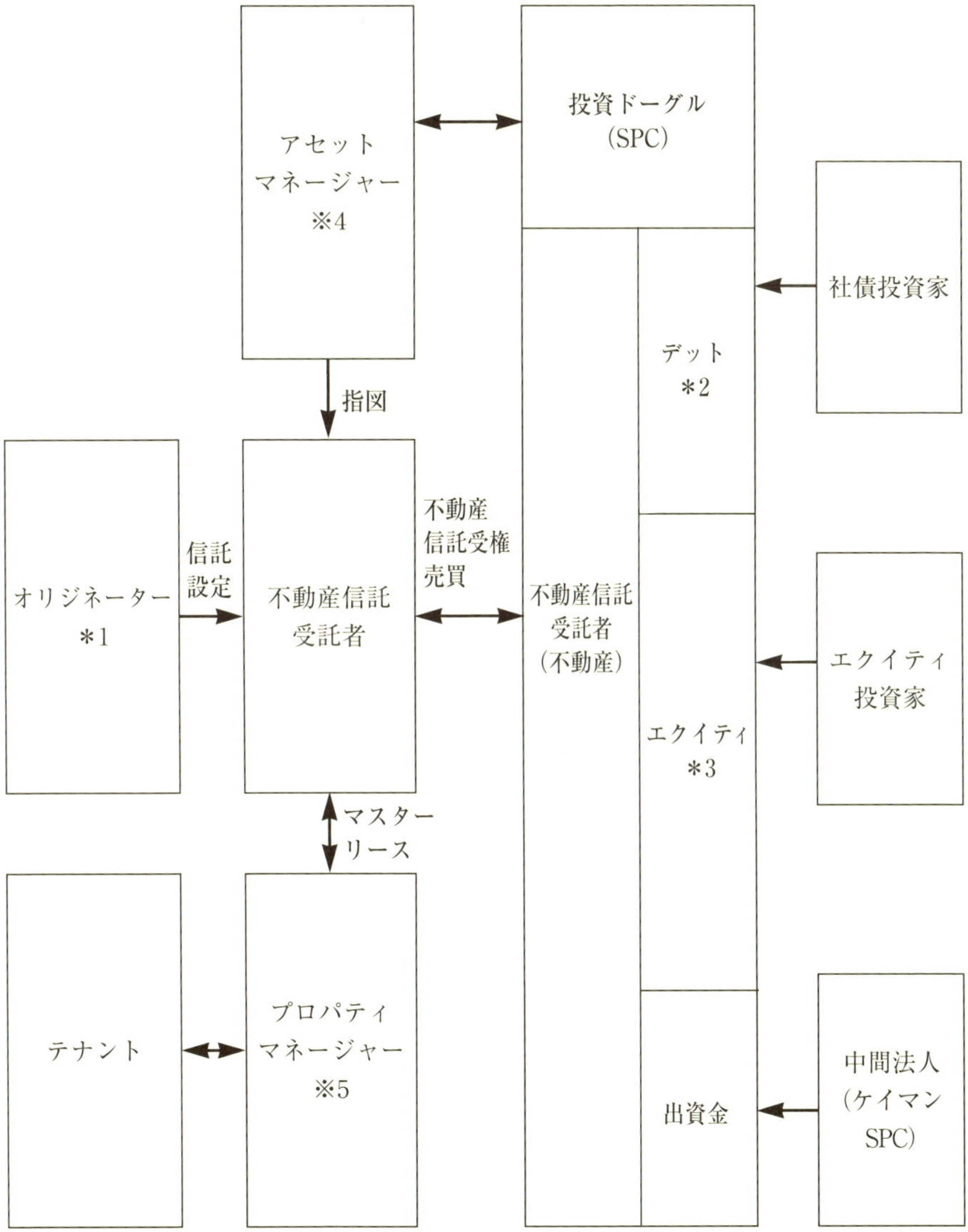

＊1	オリジネーター	対象不動産の原所有者
＊2	デット	借入や社債等で調達された返済義務を負う資金
＊3	エクイティ	株式等により調達された返済義務のない資金

Q　私の会社の土地はそのままでいいのですか。

A　土地の所有権は、あなたの会社からビークルもしくは不動産信託の受託者へ所有権移転します。あなたの会社は、そこから上がる収益の一部を受け取ることになります。

不動産ファンドの現状

Q　このような仕組みで投資する人がいるのですか。

A　今述べた仕組みはもっとも単純なもので、実際はもっと複雑な仕組みのものがたくさんあります。不動産証券化により投資される資金を「不動産ファンド」と言われていますが、これは2001年9月に不動産投資信託銘柄の「J－REIT」が証券取引所に上場されて以来、急激に成長しました。最近では、1000億円規模の商品も開発されています。これは公募型ファンドで市場で取引できます。2005年9月末現在で23銘柄、時価総額は2兆6000億円を超える規模になっています。

Q　ずいぶん増えているのですね。でも私の土地も、そんな対象になるのですか。

私募型ファンド

A　この公募型ファンドに対し、私募型ファンドというものがあります。私募型なので流通性がなく、自分で投資家を見つけてくることになります。あなたの場合もこれに該当します。私募型ファンドも成長しているのですよ。

Q　投資家はすぐ見つかるものですか?

A 確かに、すぐには無理です。しかし、ルールに従って確かなものを作れば必ず投資家は現れますよ。そこで注意点を述べておきます。

不動産証券化の注意点

A ①倒産隔離ビークル（※注3）により、リスクとリターンの大半が不動産に依存していること。
②課税（＝ビークル段階での課税）の面での優遇措置があること。
③アセットマネージャー（※注4）やプロパティマネージャー（※注5）等の不動産運用のプロがついていること。
④運用面での投資利回りの向上が見られること。
以上の4点が、不動産ファンドの共通点です。確かな不動産運用計画の基に実行すれば投資家を募ることは可能です。

不動産証券化の問題点

Q なるほど、しかし不動産の証券化に問題点はないのですか。

A 最初に述べたように不動産の証券化の根本は、不動産に対する新たな価格評価です。利益の根源も、伝統的な右肩上がり上昇から得られるキャピタル・ゲイン（※注6）から転じています。もはや右肩上がりの上昇はないという不動産市場の傾向は今後も続くと見られていますが、それは今後の推移を見なければなりません。

Q 他にはないですか。

A もう1点は、不動産の評価の基準がいままでの土地重視から、建物重視に移行していることです。日本においては、不動産＝土地であるかのように見られ、経過年数の多い建物の評価は低く見られてきました。しかし今度は、建物から得られる収益（インカム・ゲイン注※7）こそが注目の的です。建物に対する管理、運用、評価は今後の課題です。

〔注〕

1 収益還元法とは「不動産が将来生み出すであろうと期待される純収益の現在価値の総和を求めることにより不動産価値を求める手法である。」

2 ビークル（Vehicle）は、「金融市場」の「投資家」と「不動産市場」の「不動産」を結びつける〝仕組み〟や〝事業組織〟のこと。一般には「ＳＰＣ」と呼ばれ、特定目的会社（ＴＭＫ）や有限会社などが用いられる。

3 倒産隔離とは、不動産の証券化において、①オリジネーターが倒産した場合に、不動産を譲受けたビーグルが、オリジネーターの債権者や管財人から対象不動産に係る権利を行使することを妨げられないようにすること、かつ、②ビークル自体が倒産を申し出ないようにすることをいう。

4 不動産の総合的な運用（不動産の取得、運営、売却）に関わる業務のことをアセットマネジメントといい、投資家の意向を受けて、投資家の利益の極大化のためにアセットマネジメントをする者をアセットマネージャーという。

5 アセットマネージャーからの委託を受けて不動産管理の実務（テナント募集、リーシング、建物管理等）を行なう者をプロパティマネージャーという。

6 キャピタルゲイン＝売却価格—購入価格

7 インカムゲインとは、家賃収入等の総収入から管理費等の総支出を差し引いた純収益のこと。

ポイント

1 不動産の証券化は新評価法（収益還元法）から。

2 証券化商品は、ここ数年で大幅に普及している。

3 不動産証券化の良し悪しは不動産運用計画に係っている。確かな専門家を選ぶことが重要。

4 不動産証券化の今後は不動産市場の動向によるが、建物の管理、運用、評価等の整備も必要。

Q3 「定期借地権」で土地を売らずに資金化したい

バブル期以前に購入した更地が名古屋市内の郊外に450坪（約1500m²）程度あるのですが、資金がなくても、ここで何か事業ができるいい方法はありませんか？

（中小企業経営者・58歳・男）

立地条件は？

A （不動産鑑定士）　これはあなた個人の所有地ではなく、会社が持っている物件ですか？

Q　そうです。最寄りの地下鉄駅から徒歩10分くらいで、バスが走行する幹線道路（幅員30ｍ）に沿っていて、間口が50ｍ、奥行が30ｍの長方形の更地です。市街化区域で、道路沿いにはレストラン、ガソリンスタンドなどの店舗があって、背後は住宅街です。

A　立地条件はまずまず良さそうですね。新規事業に乗り出す場合のポイントはまず土地の立地条件が良いこと。そして次に立地にあった企画（プラン）作りをすることが大事なんですよ。ところで、具体的な計画として、そこの土地に賃貸マンションを建てるとか、コインパーキングのような物を作ることを考えているのですか？

定期借地権の制度を活用

Q　実は会社にはあまり資金がないのです。ところで先日、新聞記事で『定期借地権とは？』という見出しが目に入ったので少し読んでみたところ、お金がなくても土地があれば有効活用ができるというようなことが書いてあったのですが……。

A　土地はあるけれども現預金がない場合とか、ローンを組みたくない場合は確かに「定期借地権」の制度はもってこいの方策だと思います。ところで、「定期借地権」の内容についてはよく理解できましたか？

Q　確か、期限が来たら建物を取り壊して更地で地主に返してくれるというような内容のことが書かれていました。これなら他人に貸しても土地が戻ってくるからいいなあと思ったのです。

A　その通りです。つまり、最初に決めた約束の期限どおりに借地関係を終了させるタイプの借地権が「定期借地権」なのです。

少し詳しくご説明しますと、旧借地法では存続期間が満了しても契約の更新を認めて、弱い立場にある借地人を保護し、借地関係の安定を図っていました。しかし、地主としては、いったん土地を貸すと、まず半永久的に戻ってこないかもしれないという恐れと覚悟が必要なこと。さらに仮に貸地とするにしても、相当経済的な対価（権利金と言います）を借地人に支払ってもらわないとまったく割が合わないということから、次第に新規に土地を貸したり借りたりすることがなくなってきたのです。そこで、その弊害を取り除くものとして生まれたのが定期借地権の制度で、平成4年8月に新しい「借地借家法」として施行されました。

定期借地権には三つの種類

Q そんな背景があったのですか。地主の立場としては土地は貸したけれど、戻って来ないというのは困りますよ。約束の期限が来たら返してもらうというのは当たり前のような気がしますが……。

A 「借地借家法」が制定される以前は、借地人保護が絶対だったのです。従って、この法律はあくまで借地人を守る普通借地権の例外規定なのです。一定の必要性があり、借地人の利益を害さない場合に限って以下の三つの類型のものだけが認められたのです。

一覧表をつくりましたので確認してみてください。

〈定期借地権の三類型〉

名称	一般定期借地権	建物譲渡特約付借地権	事業用借地権
存続期間	50年以上	30年以上	10年以上 20年以下
契約方式	公正証書等の書面	定めなし	公正証書のみ
特色	①契約の更新を排除する特約ができる ②建物の築造による存続期間延長を排除する特約ができる ③建物買取請求権を排除する特約ができる	①借地権の更新の規定に拘束されない ②30年経過後、借地上の建物を借地権設定者に売却する旨を定めることができる	①契約の更新の規定の適用がない ②建物の築造による存続期間延長の規定の適用はない ③建物買取請求権はない

一時金（保証金）の取り扱いが税制上有利に

Q なるほど。この三つの種類の中から私の会社の土地にふさわしいものを選べばいいわけですか。

A そうです。幹線道路沿いで背後が住宅街という立地条件に照らせば、三番目の「事業用借地権」が最良だと思いますがいかがですか?

Q 借地期間を20年以内にして、公正証書で契約書をつくるんですね。あっ、そう言えば最初の契約の時に権利金という名目で更地価格の何割かの対価を借り手からいただけるんでしたっけ? その辺のところを説明してください。

A 従来は定期借地権の契約時に一時金として保証金（更地価格の10%~20%が多い）とか権利金が授受されていたのですが、この一時金には〝税〟の面でかなりの問題点を抱えていたのです。例えば、権利金の場合は更地価格の50%を地主がいただいても、その期の所得として一括課税され、非常に重い税負担になっていましたし、借地人（事業者）にとっては土地の取得費とみなされるため減価償却が認められないのです。一方、保証金は個人地主で相続が発生すると事実上債務であるにもかかわらず、保証金の大部分に相続税が課税されてしまうという問題点があったのです。そこで昨年（平成17年）1月7日に、この問題に対処する形で国税庁から国土交通省に対して税務に関する回答文書（※注）が出ました。

つまり、この回答文書の内容というのは、保証金など一時金の支払いがあった場合は、借地人は地代の一括前払い費用（地主側は前受収益）として会計処理をして構わないという画期的なものでした。

［※注］　平成16年12月に国交省が国税庁に対して「定期借地権の賃料の一部又は全部を前払いとして一括して授受した場合、借地人は一時金を『前払費用』として計上し、土地所有者は『前受収益』として計上してよいか」という照会をしたところ、国税庁は平成17年1月7日に「差しつかえない」と回答した。

Q　ちょっと待ってください。保証金を地代の一括前払いとして処理してよいということがどうして画期的なんですか？

A　国税庁の回答文書が出たことによって今後は地主が一括前払い地代として受け取れば、地主はその期に一括ではなく、地代収入を毎年分散して、不動産所得として計上できるし、借地人は借地期間に応じて毎年、費用として計上できるようになったという点で画期的なんですよ。

Q　よくわからないですね。もう少し具体的に教えてもらえませんか？

税金面で得になる

A　あなたのような法人が土地を〈定借〉で貸す場合に税金面で特にメリットが出てくるのです。例えば、土地の時価が仮に二億円で、買った時の値段が一億円であったと仮定して売却した場合には、売却益のおよそ40％分（一億円×０・４０＝４０００万円）が税金になります。

一方、20年の事業用借地権で貸し、時価の20％＝４０００万円を前受け地代として受け取れば４０００万円の20年分の１である２００万円が毎年収入として計上されます。そして、更に定期的に受け取る地代を８００万円と仮定すれば、（１カ月坪当たり１５００円以上がその地域のおおよその地代水準ですので、１５００円×４５０坪×12カ月＝約８００万円と仮計算できます）両者の合計金額＝１０００

万円が課税対象となるので、およそ40％分＝４００万円が税金で、単純売却の課税よりも格段に税負担が少ないのです。さらに毎年約１０００万円の収入で20年間地代の変更が無ければ、単純計算で合計２億円の収入となって、売ってもいないのに売却金額と同額の収入が得られるというわけです。また、一括して支払われる前受け地代４０００万円はほかの事業資金とか借金の返済に利用できますし、また仮に他の建物の建築資金に充当し、家賃収益をあげられれば建物の減価償却ができるので、地代、家賃の収益と相殺することもできる。しかも、将来確実に土地が返還されるのです。

Q　でも、そんなに都合良く土地を借りてくれる人が現れるものですか。

借り手にも投資効果が

A　いや、借り手側にとっても大きな活用メリットがあるので、この地代一括前払い方式の定期借地権を貸し手と借り手の両方に勧めたいのです。

Q　借りる側のメリットは何ですか？　不動産屋さんに借り手を探してもらう際の参考にしたいので教えてください。

A　仮にあなたの会社の土地を二〇年間の事業用借地権で、ある法人に貸したとして、その法人が保証金４０００万円を前払い賃料として支払うとすると、税法上、その法人は毎年４０００万円の20分の１＝２００万円ずつ費用化できます。そのため、法人税率がおよそ40％とすると、預かり保証金の場合と比較してキャッシュフロー（収入　支出＝現金）は毎年80万円増加する。つまり、減価償却と同じ理屈で毎年80万円ずつ土地投下資金の回収ができるというメリットがあるのです。これは当初支払った保証金の年２％の利回りに相当するので、投資効果としては結構いいほうだと言えます。また、一般的に定借で土地を借りる側の意識としては、本件のように始めから2億円という大金は用意できないので、最初に支払う保証金はできる限り安く抑えたい。しかし、月々支払う地代は事業のランニングコストとしてみるので、立地条件の良い土地に出店できるなら、ある程度高目でも仕方がないと思うようです。

Q そうですか。それでは一体どんな業種の企業に土地を貸したらいいのですか?

A 立地的に言えば、外食、小売店舗などの沿道サービス業店舗が通常考えられますが、医療法人などの総合ケアセンターもいいかも知れません。しかし、一番重要なことは途中で撤退することのない財務体質の強固な賃借人を根気よく探すことにあるでしょう。

ポイント

1 土地を有効に活用するには、土地の画地条件のほかに立地条件が良いかどうかをチェックすること。

2 定期借地権の制度を利用すれば、資金(借入金)が無くとも有効活用ができる可能性がある。

3 地主は契約時の一時金を一括前払い方式で受け取れば前受収益として毎期分散して計上できるようになったので、特に事業用借地権の場合にメリットが大きい。

4 事業用借地権の活用により地主は土地を売らずに事業資金が生まれ、借地人は減価償却により投資効果が期待できる。

Q❹ 不動産管理と活用の基礎知識を教えて

名古屋市緑区に、当社が古くから所有する市街化区域の田と山林が6m道路に間口が20m程ついて約600坪あります。管理と活用方法を教えてください。

（名古屋市在住・55歳・従業員30人の食品会社社長）

越境と時効・地積の更正

Q まず境界について教えてください。いろいろトラブルがあるそうですね。

A （土地家屋調査士）比較的新しくて立会い記録のある測量図と、境界杭が設置してあれば大丈夫ですが、それらがないと、改めて測量をし境界杭を設置する必要があります。

Q 土地の面積についても同じですか。

A そうですね。登記簿が基本ですが、測ってみると大きかったり小さかったりさまざまです。昔と今の測量技術の差であったり、隣同士で適当に境界を話し合って変更していたり、当事者間の口約束だけで売買していたりと今では考えられないことがあります。資産管理も含めて境界と面積を確定して境界杭を設置することをお勧めします。

Q　もし測量して越境などが有ったらどうするのですか。

A　越境の状態にもよりますが、大半は双方に越境物の改修改築などがあるまでその状態を維持するという覚書などを取り交わすのが一般的です。そのままにしておくと最長20年で「時効取得」が発生してしまうこともありますので注意が必要です。

しかし、売買などが絡む場合、越境は何らかの形で解消する場合が大半になります。

Q　面積が違っていたらどうしましょう。

A　そうですね、面積が確定して増減が生じたら、法務局に「地積の更正」の登記を申請します。地積の更正までですると、時間と費用もかかりますので、少なくとも隣地の所有者と境界の確認だけでもしておかれるといいですね。

Q　わかりました。

建築基準法

Q　ところで、この土地にどのような建物を建てることができるのか知りたいのですが。

A　建物を建てるにあたって定めた法律の中に、建築基準法があります。この建築基準法の中に「用途地域」というものがあって「どこに、どんな建物がどんな規模で建てられるか」を定めています。これを調べてください。

Q　わかりました。調べてみます。何か注意点はありますか。

A　そうですね。建築する敷地はその間口が公道に2m以上接していなければなりませんが、あなたの土地の場合は間口が20mですから大丈夫です。

Q よく「無道路地」って聞きますが。

A そうですね、それは道路に接していない土地、または接している間口が2m未満のことを言います。

Q そこに家は建てられないことになりますか。

A そうです。

Q 私の土地は道路に接しているから大丈夫ですね。

農地

Q 土地の一部が田になっていますが、注意点はありますか。

A そうですね。田と畑に関しては、「農地法」という法律によって使用や売買が制限されています。農地法は市街化区域と市街化調整区域の区別を設け、事前の手続きを分けています。農地以外の土地（たとえば宅地）として利用（転用）をするとき必要です。

本件の土地は市街化区域ですので「転用届出」という手続きをします。（市街化区域以外では許可）

ここで、土地利用をするとき注意しておきたい一つに隣接農地との関係があります。

Q どんなことでしょう。

A 隣接地が田の場合、農業用水の配水時期や施設に工事がぶつかる場合です。田には配水が必要不可欠ですから、十分注意してください。

Q よく「4条、5条」って聞きますが。

A それは、農地法の第4条、第5条のことです。少し説明しておきましょう。

第4条は、農地の所有者が農地以外への土地利用を図る時。

第5条は農地の所有者以外がその農地を買い受けたり借り受けたりして同様農地以外への土地利用を図る時です。

　第5条は農地の所有権移転登記時に欠かせない手続きです。

Q　わかりました。ところで届出をすると固定資産税は変わるのですか。

A　固定資産税は毎年1月1日現在の不動産の現状（宅地、雑種地など）で課税されますが、農地転用については届出がされた翌年の1月1日現在で固定資産税が変わる事がありますので、行政に確認してください。

山林部分について

Q　山林部分（約100坪）についての注意点を教えてください。

A　山林の傾斜地を取り崩して例えば宅地にする場合に注意しなければならない法律に宅地造成等規制法や砂防法があります。これらの法律によると宅地造成工事規制区域内か、あるいは砂防指定区域内かが問題となります。

Q　それはどんな規制ですか。

A　まず、宅地造成工事規制区域は、その区域の中で宅地を作るために土を削ったり盛ったりする場合に安全な宅地を造成するように、その計画の内容の審査を受け許可を受ける必要がある区域ということです。
　土留めはコンクリート製の擁壁か間知ブロック積みが許可の対象です。岩積みはできません。また、最近では地震などに対して許可の基準が、かなり変わってきていますので注意ください。

Q　わかりました。

A　次に砂防指定区域内の場合ですが、これは土砂流出の危険が考えられる区域ということですから、土を触る場合や樹木の伐採などに許可が必要になります。

Q　その他に注意点はありますか。

A　造成に伴い雨水に対応する「池」が必要になる場合があります。これが調整池です。最近では各行政で雨水排水抑制を盛んに指導しています。集中豪雨の被害が相次いでいるためです。

Q　大変ですね。他にも規制はあるのでしょうか。

A　山林として指定されていれば１０００ｍ以下の伐採は、伐採届けが必要です。

「届け」は自分でもできる

Q　さまざまな届出がありますが、私自身でもできますか。

A　専門家に依頼するほどではないと思います。担当行政に相談すれば親切に指導してもらえると思います。

Q　農地だけならそれほどでもないように思いますが、山林が加わると工事など大掛かりになりそうですね。山林を除いて検討することもひとつかもしれません。

宅地開発はできるか

Q　実は宅地開発を考えているのですが、どんなことに注意したらいいのでしょう。

A　一般的ではないかもしれませんが不動産業者がする「土地の仕入れ」がないため、実現の可能性を秘めていると思います。この場合は都市計画法の規制を受けます。いわば「街づくりです」。

Q　隣接や近隣に道路が無かったり、急勾配であったりする地権者がいますが、共同開発の声掛はどうでしょうか。

A　この場合地形的に不利な地権者も区域が拡大し道路など整備されるとなれば有利な土地活用につながることが考えられますので、同じような考え方をお持ちなら賛同は得られやすいと思います。

しかし、区域が拡大すればするほど規制が厳しくなりますので、３０００m未満が適当です。大変だとは思いますが回りの土地環境がどうなっているか検討して、共同開発が地域活性に効果があれば、よりよい開発といえます。

Q　一度検討してみます。

A　そうですね。実は少子化から都心部でも将来の後継者問題などで未利用地の虫食いが起こるのではないかと行政は懸念しています。既存の宅地の再活用も今後重要のようです。その場合もまとまった規模で共同して再活用が出来ると大きな資産活用にもつながるでしょう。

ポイント

1　土地活用は資産管理から
2　越境があれば処理をしておくこと。
3　土地にはいろいろな規制がある。
4　宅地開発は「町づくり」がキーワード

Q5 外国人労働者を積極的に雇用するには

当社は製造業ですが、慢性的な人手不足もあり、外国人の従業員を雇用したいと考えています。今まで派遣会社から南米日系人の従業員を受け入れたことはありますが、今後は正社員としての直接雇用も考えています。どのように進めていけばよいでしょうか？

（従業員約60名・自動車部品関連製造業の社長）

在日外国人を雇用する

Q 外国人従業員を雇用したい場合、どのような方法があるのでしょうか？

A （行政書士） 日本企業が外国人を雇用し、国内の事業所で就労させたい場合、主に二つの方法があります。ひとつは日本国外に居住する外国人を入国管理局他の審査を経て招聘・入国させる方法で、もうひとつは、既に日本国内に居住する正規の在留資格（一般的には「ビザ」と呼ばれています）を持つ外国人を雇用する方法です。ケースにもよりますが、外国人直接雇用が初めてであれば、日本に居住する外国人を雇用することをお勧めします。なお、在日外国人留学生はそのままの在留資格（留学ビザ）では正社員として就労はできません。留学生を卒業と同時に雇用したい場合は、入国管理局に、就労可能な在留資格への変更申請をする必要があります。

各種の在留資格と就労との関係

Q 『在留資格』というのは何種類もあるのですか?

A 現在、在日外国人の在留資格には、留学生や短期滞在(いわゆる観光ビザ)のように基本的に就労が認められないグループと、制限付きで就労を認められるグループ、制限なしで就労可能なグループとがあります。「出入国管理及び難民認定法」(入管法)により、それぞれがさらに細かく分化され、在留資格ごとの特徴・活動内容が定められています(現在27種類)。

このうち製造業の会社が雇用できるのは、まず、就労制限のない、日本国民同様どんな仕事にでも就ける在留資格を持つ外国人で、永住者、日本人の配偶者、南米日系人などがこれに当たります。また、制限付きで就労を認められる在留資格を持つ外国人のうち、「製造業者での就労を入国管理局から認められ得る外国人」も就労させることが可能です。この制限付き就労を認められている在留資格も十数種に分化されていて、それぞれの活動が規定されていますが、一般的に「就労ビザ」と総称されることもあります。

会社の事業内容と就労ビザとの関係

Q 具体的にどの就労ビザを持つ外国人なら、当社で雇い入れることができますか?

A 会社の事業内容・規模・設備や技術レベル・財務状況等によって、雇用可能な就労ビザの種類や人数が決まってきます。製造業の場合、通常は技術ビザになりますが、あなたの会社が外国企業との取引・原料輸入・業務提携・生産委託などを行っている場合や、外国に現地法人や工場を持っている場合など、製造業であっても他の就労ビザ（人文知識・国際業務ビザ等）を持つ外国人を雇用、招聘できるケースもあります。

この他、当該外国人本人の職歴・資格や出身学部、日本での在留状況（素行や、留学生の場合は学校の出席率なども影響）によっても在留・就労の可否が変わるのですよ。雇用する会社・雇用される外国人双方の個別事情に負うところが大きいので、事前に最寄りの入国管理局や専門家事務所へ相談したほうが良いでしょう。

その他の注意点

Q 以前、日系人を就労させたことはありますが、就労ビザを持つ外国人を雇用する場合の注意点を教えてください。

A 就労ビザを持つ外国人（就労活動の内容を特定・制限される外国人で、アジア系や欧米系の人が多い）を就労させる場合は、分化した「ビザ」それぞれのカテゴリーに合った「ハイレベルの仕事」に従事させることが重要です。

日本は、無節操な低賃金労働を抑えて日本国民の職を守り、「専門性の高い技術や技能を持った外国人のみ積極的に受入れていく」といった観点から、単純労働従事までは認めていないからです。ですから、例えば生産工程ラインに立って単なる箱詰め作業を行うなど、入国管理局が単純労働と想定する仕事に従事していた場合、その就労ビザを取り消されるといった厳しい処分が下される場合もあります。

この辺りが、同じ外国人労働者の雇用であっても、就労制限のない（単純労働に従事させてもまったく問題がない）南米日系人などとは、大きく違ってくるところなのです。

また、在留資格のない、いわゆる不法滞在の外国人は当然雇用してはいけません。たとえ派遣社員であっても、不法滞在者を就労させた企業には不法就労助長罪の適用などペナルティが科されることもありますので注意が必要です。

外国人研修生制度とは

Q　『研修生』『技能実習生』という言葉をよく同業者から耳にしますが、労働者とどこが違うのでしょうか？

A　外国人研修生制度は、二つに分けることができます。一つは、企業が海外の合弁企業や取引先などからその従業員を日本に受け入れ、半年、一年などの一定期間、実務や知識の研修を積ませる「企業単独型受入れ」です。二つめは、事業協同組合等の団体（第一次受け入れ機関）が外国人研修生たちをまとめて受け入れ、団体及びその団体構成員（組合員である各企業など。第二次受入れ機関）において実務や知識の研修を行う「団体監理型受入れ」です。
どちらも基本的には研修終了後母国へ帰国し、元の職場に復帰して日本で得た知識・技能を活かすことが目的であり、実は研修生は「就労活動」をする「労働者」ではないのです。一方、研修終了後、さらに1〜2年間、研修先企業で技能実習することが認められる場合もありますが、これは労働基準法の適用も受ける「就労活動」とされており、技能実習生は「労働者」となります。余談ですが、このように最長で3年間、同じ会社で研修・技能実習することが、従業員の定着率に悩む会社にとってはある意味魅力になっているようです。このほかにも、研修生の受け入れにはさまざまな条件や細かい基準が多くあります。

研修生制度に関わる問題点

Q 『外国人研修生』について、失踪などの問題をたまに新聞で目にしますが、どのような背景があるのですか？

A 外国人研修生を受け入れている会社には御社のような製造業が多いのですが、特に「団体監理型受入れ」のほうでは、「研修」を隠れ蓑にした低賃金労働者雇用（就労）が多く見られ、問題視されるケースが多くあります。これは、「産業先進国・日本への産業版留学生」「日本の進んだ技術を研修させて母国に持ち帰らせ、もって途上国の産業振興に寄与する国際貢献」といったこの制度の「趣旨」から、研修生には寮などを備え社員が実務を教える代わりに、労働の対価である「賃金」ではなく、日本での生活滞在費や小遣い（「研修手当」と呼ばれています）を支給すればよいと定められていることが背景にあります。つまり「教えてあげる」「貢献する」といったことから、この研修手当は一般的な賃金に比べればかなり安く、これがしばしば低賃金労働者雇用の隠れ蓑として利用されて、賃金面の不満などから研修生の失踪が多発しているのです。失踪後も日本国内に潜伏し、不法就労者となることも多いです。また、当初から日本入国のみを目的にしていたようなケースもあるようです。

こうしたことから、最近は入国管理局や、事業協同組合を管轄する都道府県などの対応も厳しくなってきており、研修生受け入れ事業を中断・縮小せざるを得ない状況に追い込まれるケースも多々あります。また、研修生制度はその「建前と現実の乖離」が問題視されており、制度そのものの実情に合わせた改編、再構築も検討されています。研修生についていえば、単に「低賃金で雇えるから」といった考え方では、後日痛い目にあうこととなるでしょう。

外国人労働者活用の利点はどこに

Q そうなのですか。外国人を雇用していきたいとは思いますが、日本は諸外国に比べ、外国人の就労について閉鎖的のように感じます。これならば普通に日本人を雇用するほうがいいような気も…。

A たしかに、日本は無制限の外国人労働者の受け入れを認めていません。日本が置かれている地理的条件などからいっても、今後も大きな変化は考えにくいですね。アメリカやヨーロッパ諸国など他の先進国の移民政策や産業界の要望などを考慮しながら、「制限的な」外国人労働者の受け入れを続けていくことと予想されます。ただ、日本だけが外国人労働者に対して閉鎖的だとは言えません。人は賃金の安いほうから高いほうへ流れていくのが普通ですから、日本のみならず他の先進国も外国人労働者の問題には頭を痛めているようです。

しかし、優秀な人材は、昨今は特に供給不足です。今後も高齢化で労働力が減り続けていく日本で、採用枠を外国人まで拡大すれば、即戦力の人材確保も期待できるようになります。さらにいえば、企業・業務のグローバル化が進む今日、技術や語学などスキルを持った専門職の外国人労働者を積極的に活用していくことは、同業他社との差をつけ、生き残りを図ることにもつながるでしょう。現実に、今や多くの製造業で、中国や韓国、東南アジア諸国などを母国とする多くの技術者や海外業務員が働き、国境を越えた企業間の人の行き来も盛んです。日本の入管行政をむしろ逆手に取って、他社に先駆けて優秀な外国人労働者を積極的に活用していくことを考えてみても良いのではないでしょうか。

ポイント

1 在日外国人には現在27種類の在留資格があり、就労活動が特定・制限される場合がある。

2 「安い労働力」といった見方は後日のトラブルの元。特殊技能を持つ労働者として、外国人労働者を見るべき。

3 入管行政は社会状況を考慮しつつ目まぐるしく変わる。また他の法令（労働関連諸法）にも注意すべき。

Q6 「中小企業新事業活動促進法」とは、どんな制度？

元請けからの単価引き下げや同業者との競争で、製造業は利益率が下がる一方です。生産方式を変えることによって高品質・低コストを達成し、なんとか勝ち残っていきたいと思うのですが、これを支援してくれる制度はありませんか。

（50歳・会社社長）

中小企業新事業活動促進法とは

Q 新しい生産方式を採用して経営を改善したいのですが、これを支援してくれる制度はありませんか。

A（税理士） 平成17年4月13日に「中小企業新事業活動促進法」という法律が施行されました。これは、従来個別にあった中小企業支援法を統合してできた法律で、①創業及び新設企業の事業活動の支援、②中小企業の経営革新の支援、③異分野の中小企業の連携による新事業分野開拓の支援—を主な内容とするものです。

ところで、あなたの会社は事業を開始してから何年ほど経ちますか。

Q 法人設立から約20年になりますが。

A　そうすると、①の創業・新設企業支援には該当しませんね。異分野の企業との連携をお考えになったことはありませんか。

Q　いいえ、そこまではまだまだ考えておりません。

A　そうですか、では③の異分野連携支援にも該当しないですね。それでは、②の経営革新支援についてご説明します。

支援策の利用法

A　資本金額と従業員数を教えていただけますか。

Q　資本金は１０００万円、従業員は50人です。

A　それなら大丈夫です。この法律の適用対象となるのは、次ページの〈表１〉に掲げる中小企業者なのです。

Q　具体的にはどのような制度なのですか。

A　税金や保証・融資の優遇措置、補助金その他いろいろな支援策があります。〈中小企業庁ＨＰを参照してください〉

Q　たくさんの支援策があるのはわかったのですが、わが社の場合何が使えるでしょうか。

A　生産方式を変えるということですから、例えば、保証協会で別枠保証を受けた上で低利融資を受けるか、設備資金の無利息融資を受け、新たな機械を購入すれば、設備投資減税も受けられます。支援策の組み合わせにより、さらに有利になるのです。

Q　なるほど、そのように使うのですか。

〈表1〉次のいずれかの基準に該当する法人及び個人

主たる事業を営んでいる業種（平成5年10月日本標準産業分類第10回改訂分類による）	資本金基準（資本金の額又は出資の総額）	従業員基準（常時使用する従業員の数）
製造業、建設業、運輸業その他の業種（左記以外）	3億円以下	300人以下
ゴム製品製造業（自動車又は航空機用タイヤ及びチューブ製造業並びに工業用ベルト製造業を除く）	3億円以下	900人以下
卸売業	1億円以下	100人以下
サービス業（左記以外）	5千万円以下	100人以下
ソフトウェア業又は情報処理サービス業	3億円以下	300人以下
旅館業	5千万円以下	200人以下
小売業	5千万円以下	50人以下

「経営革新計画」の作成

A いずれの制度を受ける場合も、まず「経営革新計画」を作成し承認を受ける必要があります。その承認を受けた後に、各支援機関の個別審査を受けます。

Q　「経営革新計画」というのは当社でも作成できるのでしょうか。当社には特許を取ったり独自の技術を開発できるような研究者も技術者もおりませんが。

A　「経営革新計画」とは、①新商品の開発または生産　②新役務の開発または提供　③商品の新たな生産または販売の方式の導入　④役務の新たな提供の方式の導入　その他の新たな事業活動に該当する新たな取り組みをいいます。この「新たな取組み」は、個々の中小企業にとって「新たなもの」であれば、すでに他社で採用されている技術や方式であっても対象となります。従って、あなたが、どんな取り組みを行うのか、なぜ行うのか、どこが今までと違うのかを説明できれば、都道府県の担当者の手助けにより誰でも計画は作成できます。

目標の設定

A　次に、「経営革新計画」は〈表2〉の数値を満たすものである必要があります。

ここでの注意点は、達成不可能な数値目標を立てないということです。というのは、「経営革新計画」の承認を受けた事業者が数値目標を達成していなかったために、他の中小企業向けの施策を利用できなかった例もあるからです。

もう一つこの制度では、複数の法人や個人が共同で「経営革新計画」を作成し申請をすることも認めています。単独の事業者では計画の達成が難しい場合でも複数の事業者が協力すれば可能であるというようなときでも支援の対象になります。この場合、目標とする経営指標は、グループ全体での数値でもグループ参加者個々の数値でもどちらで定めてもかまいません。

Q　よくわかりました。それで、申請書はどこへ出すのですか。

A　原則として申請者の本社所在地（共同申請の場合は代表者の本社所在地）の都道府県の担当部局です。愛知県の場合は、産業労働部新産業振興課です。

「経営革新計画」の作成は決して難しくありませんし、計画を作ることにより経営方針を明確にすることができるという効用もあります。ぜひチャレンジしてみてください。

〈表2〉

計画終了時	「付加価値額」又は「一人当たりの付加価値額」の伸び率	「経常利益」の伸び率
3年計画の場合	9％以上	3％以上
4年計画の場合	12％以上	4％以上
5年計画の場合	15％以上	5％以上

（注）付加価値額 ＝ 営業利益 ＋ 人件費 ＋ 減価償却費
　　1人当たりの付加価値額 ＝ 付加価値額 ÷ 従業員数

ポイント

1　「経営革新計画」の作成に、高度な技術や知識は必要ありません。
2　法人・個人を問わず、あらゆる業種で利用できます。
3　「新たな取り組み」の実現に向けて、支援策を積極活用しましょう。

Q 7 新事業の立ち上げのため企業提携をしたい

創業以来自動車部品の下請業をしていますが、後継者である息子が、新たな事業の柱にするため、製品開発を考えています。しかし、開発ができる人材も限られていますし、ずっと下請でしたから営業はいません。もちろん今から雇うだけの余裕もありません。技術面では大学と、営業面では販売ネットワークを持つ商社と提携できないかと考えています。どのようにしていけばよいのでしょうか。

（従業員40人・製造業社長・68歳）

企業提携の形

Q 提携にはどのようなものがありますか。

A（中小企業診断士） 企業同士が、自分の不得手な分野を補うために、それが得意な企業と提携をし、それぞれの事業モデルをより強固にすることを「企業提携」といいます。企業提携は、大きく分けて資本提携と業務提携の二つがあります。

一般にいう「資本提携」とは株式の持ち合いを指します。広い意味では、経営権の移動を意図した、いわゆる「M&A」という企業買収・事業買収の意味合いで使われます。お尋ねの内容は、業務提携を指すものと思われますので、こちらに絞ってお答えしましょう。

業務提携については、ライセンス契約を結び、他社技術の活用や相互技術の活用をする「技術提携」、ＯＥＭや生産委託等の「生産提携」、特約店・代理店・専売契約等の「販売提携」等の形があります。大学や商社との提携は技術提携や販売提携にあたりますね。

Q　製品開発や技術開発をするには膨大な資金と時間が必要になります。そのリスクを減らす一つの手段として大学との提携が注目されています。一般に大学との連携を「産学連携」といい、大学や試験研究機関が持っている技術の指導や移転を受けたり、共同研究を行なったり、使われていない「休眠特許」を活用したりすることなどを指します。

今の大学は産学連携に積極的

Q　でも大学は、当社のような中小企業は相手にしてくれないのが普通だと思いますが。

A　確かに少し前までは、そのような状況もあったようです。しかし、１９９８年に産業界や学界の活性化のため、大学の技術や研究成果を民間企業へ移転することを推進する「ＴＬＯ法」が制定された頃から状況は大きく変わりつつあります。「国策」として大学での研究成果を産業界で活用していくようにしよう、活用されることを大学の評価指標の一つにしようということですね。時期を同じくして自社技術を活用した脱下請を狙い独自の研究開発や製品開発を考える中小企業が増えてきたこともあり、産学の連携は大きく進みはじめました。

公的機関の産学連携コーディネーターを活用しよう

Q 大学のどこへ相談に行けばいいのでしょう。

A 多くの大学では「産学連携」のための窓口組織を設けており、そこへお問い合わせいただくことになります。といっても、どの大学のどの先生が求める技術に詳しいかを探すのは非常に大変です。国や県では、産学連携のための相談に乗ってくれるコーディネーターを設置して、先生とのマッチングを行う制度をつくっています。

Q 具体的にはどのような機関ですか。

A 一例として、文部科学省系の「科学技術振興機構」が全国に設置している「研究成果活用プラザ」をご紹介しましょう。振興機構本部及びサテライト事務所含め全国13カ所に設置されており、大学連携や技術に詳しい常駐のコーディネーターが貴社のニーズにマッチした技術・研究室の紹介をしてくれます。

振興機構が作成しているHP「産学官の道しるべ（http://sangakukan.jp/）」では、このような産学官連携の支援窓口や、大学での連携窓口を紹介しています。一度ご覧いただき、お近くの相談窓口でご相談いただくのが一番の近道でしょう。

新連携支援制度を活用しよう

Q 販売提携を含め、企業同士が提携をするのに、国が支援してくれる制度があると聞いたのですが。

A それは「新連携」支援制度のことですね。「中小企業新事業活動促進法（平成17年4月施行）」に基づいて創設された企業連携を支援する制度です。各々の中小企業が持つ技術やノウハウの「摺り合わせ」を行ない、柔軟に「強味」を相互補完しながら高付加価値の製品・サービスを創出する新たな連携（新連携）を支援するというものです。

異業種の中小企業の連携が対象

Q 連携体にはどのような企業が必要でしょうか

A 二以上の異業種の中小企業が必要です。これさえ満たせば、大企業が入っていても構いませんし、大学や研究機関、あるいはＮＰＯを含む連携体であっても対象になります。忘れてはならないのは、先ほどの説明にもありましたが、各々の企業・団体の持つ技術・ノウハウ・ネットワークといった経営資源を一つの事業のために持ち合うことで、新しいビジネスモデルを作る、新事業開拓を図る、といったことが可能になる連携体であることが必要だということです。

連携体構築前でも支援対象に

Q どうしたら支援が受けられますか。

A 支援策は、連携体の構築段階と連携体構築後の事業化段階との2段階に分かれています。構築段階の支援としては「新連携対策補助金（連携体構築支援事業）」があります。連携体構築までの規約の作成やマーケティング調査費など、対象経費の２／３（最大５００万円）が補助されます。連携体を組む前に、しっかりとマーケット調査をして、事業可能性を確認し、お互いが納得して連携体を組む、というプロセスへの支援ですね。この補助金の活用をお考えの場合は、管轄の経済産業局中小企業課までお問い合わせください。

事業化段階では大型の補助制度も

Q 事業化段階の支援を受けるにはどうしたらいいでしょう。

A 構築された連携体が事業化に向けた支援を受ける場合には、異分野連携新事業分野開拓計画（新連携計画）を作成し、経済産業局に提出し認定されることが必要です。

認定を受けると、次の支援策が利用可能になります。

①政府系金融機関からの低利融資（中小公庫での一企業あたり5000万円までの無担保・無保証人融資を始めとして、最大運転資金2・5億円、設備資金7・2億円）

②新連携対策補助金（事業化・市場化支援事業）:新商品・新サービス開発に関わる実験・試作、研究会の開催費、マーケティング調査費等の対象経費の2／3（最大3000万円・研究開発を伴わない場合は2500万円まで）が補助されます。

③その他、設備投資減税、信用保証枠の拡大、特許料（審査請求料・特許料の第1～3年）が半額減免……等、様々な支援措置が受けられるものです。

Q 認定を受けるには、どこへ相談にいけばいいのでしょう。

A 全国8カ所の中小企業基盤整備機構に設けられている「新連携支援地域戦略会議事務局」が窓口となって、指導・助言を受けることができます。この事務局では申請書のブラッシュアップが受けられるだけでなく、認定後も事業化に向けて個別支援チームの支援を受けることもできます。事業化の実現まで、しっかりフォローしますよということですから、活用の価値は非常に高いと思いますよ。

ポイント

1 企業提携には、資本提携と事業提携の2種類ある。
2 大学は産学連携に積極的。公的機関の産学連携コーディネータを活用しよう。
3 事業連携を支援する「新連携」支援制度。連携体構築段階から支援する制度も。
4 経済産業局の認定は「新連携支援地域戦略会議事務局」へ相談。認定後は手厚い支援制度あり。

Q8 高年齢者を積極的に活用するには

最近求人倍率が高くなってきたために、なかなか若い人を新規採用することができません。そこで60歳以上の高齢者を雇用しようと思うのですが、何かアドバイスはありませんか？

（従業員50人の製造業社長・60歳）

高年齢者雇用と助成制度

Q　私のところのような中小企業ですと、求人を出してもなかなか希望する人材が応募してくれません。そこで発想を変えて、高年齢者の求人を考えているのですが、どうでしょう。

A　（社会保険労務士）たしかに、最近は求人倍率が全国的に高くなってきています。このため、求職者の少ない職種によっては人手不足が深刻な状況になる企業もあります。ただし高齢者は依然求人倍率が低調ですので、良い人材を雇用しやすいと思いますよ。

Q　高年齢者を雇うと助成金ももらえると聞きました。

A　「特定求職者雇用開発助成金」を条件を満たせば受給することができます。雇用保険の適用事業所が60歳以上の方を職業安定所を通して雇入れた場合に受けられる助成金です。受給期間は6カ月ずつ2

回で、受給金額は企業によって異なりますが支給対象期6カ月間に企業が対象労働者に支払った賃金に相当すると算定された金額の4分の1～3分の1になります。また短時間労働被保険者はその3分の2の金額になります。

Q　これを利用しない手はありませんね。他にもなにか有利な制度はありますか？

A　「特定求職者雇用開発助成金」は会社に入るお金でしたが、労働者本人に支給される「高年齢雇用継続給付」という制度もありますよ。60歳到達時点に比べて、賃金が75％未満（新制度）に低下した状態で働き続ける60歳以上65歳未満の雇用保険被保険者に給付されます。

Q　低下した賃金を補ってくれるんですね。もう少し詳しく教えていただけますか？

A　支給される金額は賃金の低下率によって異なります。また年金を受給している場合には、支給される額によっては併給調整を行われる場合もあります。その他にも条件等ありますので、詳しくは職業安定所へお問い合わせください。

経費削減のメリットも

Q　高齢者を雇用することによるメリットはありますか？

A　もちろんあります。労働者の働き方次第では経費を削減する方法もありますよ。例えば年金を受給できる高齢者の方を雇った場合は、年金がカットされないように労働時間を抑える方が多いはずです。1日8時間労働の企業であれば、4分の3未満すなわち1日6時間未満の労働時間にすれば社会保険に加入する必要がなくなりますよ。

Q　それなら社会保険料を節約できますね。しかし、2時間分の労働力が不足してしまうのでは？

A　それに対しては短時間労働者を複数雇えば、２時間分の減少も補うことができるでしょう。さらにその短時間労働者が週20時間以上の労働であれば、前述の特定求職者雇用開発助成金を受けることができるのです。つまりこの短時間労働者は、社会保険に加入する必要がないので、８時間労働の労働者を雇うより会社の経費も抑えられ、さらには助成金も受給できます。また、労働者本人も年金がカットされないですし、６時間未満の労働ということで時間にゆとりを持った生活を送ることができるはずですよ。

高齢化対策は将来的にも有効

Q　今後も高齢化が進みますよね？　それを考えると…。

A　現在の出生率などから考えると当然高齢化は進むと思われます。わが国の労働者は、２０１５年には４人に１人が60歳以上の高齢者になります。その時になってあわてても遅いですし、遅くとも平成25年４月１日以降には65歳までの継続雇用が義務付けられます。早い段階からこれから来るであろう高齢化社会へ向けての準備を進めて行き、なおかつ助成金の受給や経費の削減によって合理的な経営を行っていきましょう。

ポイント

1　高年齢者を雇用することにより受給できる助成金がある。
2　高年齢者を雇用することにより経費を削減することも可能。
3　高齢化は今後も進むので、早めの対策が肝心。

Q 10 オフィスのリフォーム、どうすればいい？

業績はここ5年ほどＩＴ化によるＯＡ機器の積極的な導入で堅実に伸びています。しかしＯＡ機器の導入によりオフィスが手狭になったので現在の事務所ビル（自社ビル）をリフォームしたいと考えているのですが。

（精密機械部品・金型等の開発設計会社の社長・54歳）

ＯＡ機器がオフィスを変える

Q　現在のビルは20年ほど前に建てました。建物はまだまだ使えそうなのでこの際職場をＯＡ機器が効率良く使えるようにリフォームしたいのです。

ワークステーション・セキュリティ・アメニティとかいろいろ言われていますが、どのように整理していったらよいのでしょう。

A　（一級建築士）確かにどの企業にとっても高度情報化（ＩＴ化）に対応したＯＡ機器の導入は当たり前になっています。そしてＯＡ機器の入れ替えサイクルが短くなってきています。従って業務を休むことなく簡単に、将来に渡り配置変えができるオフィス作りと快適な職場環境作り（アメニティ）を検証しましょう。

オフィスの全体像

Q　限られたスペースを有効に使いたいと思っています。

A　まず御社の業務の性格上、今の全体のレイアウトから言えることは

1　設計室のデスク配置の検討
2　データファイル、ペーパーファイルの収納システムの検討
3　会議室の配置と打合せコーナーの検討
4　社長室、応接室、役員室の配置と広さの検討
5　セキュリティの見直し
6　快適な職場環境作り

以上のことについて提案していきたいと思います。

デスクからワークステーションへ

Q　現在のオフィスはＯＡ機器の配線がゴチャゴチャで配線と書類の山の中で仕事をしているような状況です。

A　おおむねリフォームを考えてらっしゃる企業の状況はそのようですね。

今のデスクの配置の仕方＝箱型（役所の横並び対面式）から、社員個人がＯＡ機器を快適に駆使して能力を十分発揮できるＯＡ機器とデスクの配置（ワークステーション）の方法を提案します。

配線・ケーブルは天井配線がベストです、床下配線を目的としたフリーアクセスフロア（二重床）による配線は、ＯＡ機器の入れ替え時にはデスク・備品等をそのたびに移動しなければならない、場合によっては業務を長時間に渡って停止しなければならないといったことから天井に配線ダクトを設けわかりやすいように配線する方法が主流になっています。

間仕切り壁はモバイルウォール（可動間仕切り）がベスト

Q 間仕切りについてはどうでしょう。

A できるだけ空間を広く取り、モバイルウォール（可動間仕切り）で部屋を仕切るという方法が主流です。そして天井配線はモバイルウォールからモバイルパーティション（高さの低い間仕切り）を通じて各デスクに配線します。

デスク・備品類は目的に合わせてシステム化

Q 特別なデスクとか必要なのでしょうか。

A ＯＡ機器が使いやすいワークステーション作りの目的は将来も簡単に移動・増設・模様替えに対応できるということです。そのためには配線のことを考慮してシステム化されたデスクと備品を選択しておいたほうが良いでしょう。配線・ケーブルはあらかじめセットされているコネクターへ接続するだけでＯＫということにしておくわけです。将来にわたり什器備品類を長く使えることが経費節減になることは言うまでもありません、そのためには色やデザインも十分検討しておくべきです。

Q　デスクの形状はどうですか。

A　ワークステーションを十分に機能させるためには、デスクの形状が一番重要です。長方形のデスクからL字型のデスクに移行して今はL字型の隅にできるデッドスペースが無駄である、それと視覚的にL字型よりヘ字型（１３５度に折り曲げる）のデスク形状のほうがデスク周り全体を把握できてワークステーションとしての効率が上がるという人間工学の研究結果が注目されています。なおかつ実際ワークステーションを配置してみるとパーティションの扱いにもよりますが、箱型配置、L字型配置よりも全体のスペースに余裕ができるということがわかってきました。（ちなみにこのデスクの形状を考え出したのは、カイゼンで有名なトヨタです）。

データ管理の構築

Q　資料の収納と保管がぼう大になってきています、それと運用が大変です。

A　資料のデータ化は当たり前になっていますが、最新のデータと古いデータの保管・更新・破棄のシステムを作らなければ溜まっていくばかりです。データ管理といっても大切な特許案件などの機密事項から、誰でも検索利用できる資料としてのデータまで様々ですが御社の場合機密事項に関するデータはセキュリティシステムを構築して管理しなければなりません、問題はワークステーションで迅速に検索利用できるシステムを作ることです、資料室を往復したりする無駄をなくすことです。要は書類の山に囲まれて仕事をしなければならない状況から快適に仕事をこなせる環境を作ることです。

社長室・役員室が必要か

Q 20人程度が入れる会議室しかありませんが、どうも不効率に思えてなりません。

A 全体会議は別としても、むしろエンジニアの業務が主体ですから優先すべきは、ワークステーションの周辺に数人が集まって即ミーティングができるスペースを何カ所かに設けるべきです。

Q ほかに見直しの必要なものはありませんか。

A 立派な社長室と役員室がありますが本当に必要でしょうか。経営者にはいろいろな考え方がありますが、現在はオープンでワークステーションが見渡せて、スタッフと積極的にコミュニケーションが計れるスペース作りが主流になっています。また、応接室も支障のない限り、オフィス全体が応接室という考えのもと、オープンにして華美な什器類を排し、機能優先のインテリアでデザインしたほうが良いでしょう。

セキュリティの見直し

Q 仕事柄セキュリティについても悩んでいます。

A 大切な機密情報の漏洩は故意、悪意いずれにしても会社にとっては大変な問題です。ＯＡ機器の進化で現在はぼう大なデータがわずか１００円ライターの半分ぐらいのスティック型のチップで簡単に持ち去ることができます。社員のマナーの問題は別にして、これらの問題と社外の人に対するセキュリティも含め高度なデータ管理のシステム構築をお勧めします。

Q 昨年近くの落雷でサーバーが被害を受けました、この際何とかしたいと考えています。

A セキュリティというと防犯というイメージが大きいのですが、実はオフィスにおける電源のセキュリティは機密情報の漏洩以上に大切なことです。例えば、突然の地震・被雷等で電源停止が起きた場合、大切なデータが瞬時にしてなくなることがあるのです。グローバル化で24時間営業可能・稼動という時代に備えて非常用電源、自家発電の設備も備えることを提案します。

職場環境の見直し（快適職場環境＝アメニティ）

Q オフィスの概要はわかってきましたが、今回の大きな目的のひとつである、職場環境の改善についてはどうしたら良いのでしょう。

A まず、今までお話ししてきた内容は全て快適な職場環境（アメニティ）作りとオフィスの合理化に必要なことなのですが、職場のイメージからオフィスに変える方法として、もう少し提案します。

「ロッカールームが必要か？」

いっそのこと制服はやめたらどうですか、女性のファッションがオフィスを明るくするし、物置同然のロッカールームがなくなれば、それだけスペースが広くなります。

「照明器具が適正か」

パソコンのディスプレイに対する照明器具の配置と照度等は、一定の基準を満たしておくことは必要ですが、それ以外の部分の照明計画は蛍光灯による画一的な方法は考えものです、蛍光灯が一番電気代が安くなるわけではありませんし、適材適所に照明器具を選択使用することにより、オフィスの雰囲気がガラリと変わってくるので十分に検討しなければなりません。

Q エコロジーが叫ばれていますが、我が社としてリフォームをする際できることは何でしょう。

A リフォームをしようとすれば必ずゴミが発生します、これは分別して処理しなければならないことは当たり前ですが、大切なことは今リフォームしようとしている建材・什器類をどのようにして将来リサイクルするか、またはリサイクル処理しやすい方法を考えておくかということです。

ポイント

1 リフォームの目的の把握
2 システムの構築
3 人材が集まるアメニティ作り

Q11 「創業支援制度」を利用して独立・起業したい

7年間コンピュータ関連の企業に勤めてきました。以前よりあたためていたITを活用したビジネスプランを実現させるために、独立したいと考えています。事業内容には自信があるのですが、資金調達や経営面で不安があります。

（サラリーマンから独立・創業を目指しているコンピュータ技師・30歳）

創業時には公的融資制度を

Q 国や県で創業者をいろいろ支援してくれる制度があるそうなのですが。

A （中小企業診断士）それではまず、資金調達からお話ししましょう。一般的に創業者の方が銀行等から借入をするのは非常に難しいとされています。そこで、公的資金である「国民生活金融金庫」と「地方自治体の制度融資」の活用をお勧めします。低金利・長期返済で固定金利の融資ですから、スタートアップ時の資金繰りの厳しいときには「長期安定資金の調達」が可能ですので非常に助かります。

Q 具体的にどんな制度があるのですか。

A 国民生活金融公庫の「新規開業資金」では無担保・無保証人で最大750万円まで（創業前の方は

自己資金と同額まで）、運転資金なら5年・設備資金なら7年の返済期間で借りることができます。また、各県でも創業者向けの制度融資を設けています。

例えば、愛知県の「新事業創出促進融資」では最大1500万円（創業前の人は自己資金と同額まで）を無担保・第三者保証不要で融資する制度となっています。どの県でも同様の創業者向け融資制度を設けていますので、県庁の産業振興関連の金融担当部署へお問い合わせください。

借入には返済プランが必要

Q 申し込みをすれば必ず融資を受けられるのですか。また、どういうことに気をつければいいのでしょうか。

A 当然、融資する側が審査をした上で、ということになります。

ちょっと金融機関のビジネスを振り返ってみましょう。金融機関では預金者から利子を払ってお金を預かり、それを借りたい人へ貸し、返済と共に金利を払ってもらう「利ざや」の商売です。したがってお金を貸せるのは「金利を払ってくれ、元本も返してくれる」ことが最低条件です。

ですから、貸出審査では当然「確実に金利を払ってくれ、返済できるかどうか」が重要になります。となれば、どういう内容の事業で、どれぐらいの儲けを出し、何年ぐらいかけて返済していくのかという、説得力を持ったビジネスプランを提示することが必要となります。金融機関は、何のためにお金を借り、それをどう使って（どのような事業で）、いつまでにいくら返すのか、ということを知りたがっているのです。

ビジネスプランは一点突破で

Q どうしたら説得力のあるビジネスプランができるのでしょうか。

A どのように返済のキャッシュを生み出すのか、ということがポイントです。つまり、事業の新規性や差別的優位性は何か、どういうところに競争力があるのかがプランの核になります。その上でどのように事業展開をしていくのかという事業計画、そして現在の市場規模などからデータで裏づけをした売上・利益計画や返済計画を作成します。この時の切り口として、次のような「P・Q・C・D」を意識してください。

P：製品・技術・サービスの性能・機能（Performance《パフォーマンス》）をどのようにどれだけ向上させるのか。あるいは価格（Price《プライス》）を改善するのか。

Q：品質（Quality《クオリティ》）をどれだけ向上させるのか。量産（Quantity《クウォンティティ》）能力をどれだけ向上させるのか。

C：コスト（Cost《コスト》）をどれだけ改善するのか。

D：開発・生産・物流等（Delivery《デリバリー》）のリードタイムをどれだけ改善するのか。

このP・Q・C・Dのどの点でご相談者のビジネスは「とんがった点」があるか整理してみてください。あれもこれもは必要ありません。マーケットを絞り、あなたのビジネスの「とんがり」で一点突破することが創業時には大切です。

専門家のアドバイスを無料で受けよう

Q 考え方はわかりましたが、実際書こうとすると、そんなに簡単ではありませんよね。自分ひとりではとてもできそうにないのですが。

A そうですね。ビジネスプランを作成する場合には、経営コンサルタントなど専門家にアドバイスをもらいながら進めるといいですよ。費用面でのご心配があれば、国や県・市、主要商工会議所が設置している「支援センター」に相談してみてはどうでしょう。専門家が無料でビジネスプラン作りの支援をしてくれます。

最寄の相談場所がわからない場合は、国の外郭団体である中小機構が行なっている「なんでも相談ホットライン（0570‒009111）」に照会をすれば、調べてくれます。

よく「コンサルタントの意見なんか必要ない」と言われる方もおられますが、自分の思い込みだけで突っ走り、失敗する例が多く見られます。ビジネスのゴールはマーケットの中にしかありません。創業時は「自分の思い」が非常に強い時期です。こうした時期には、冷静に第三者的な立場、また、いろいろな業種を見てきた経験者として意見を聞くことをお勧めします。つまり「自分のとんがり」は間違った方向性でないか、一点突破しようとするマーケットは適切か、ということのアドバイスをもらうわけです。自己満足のために創業されるのであれば、ご自身の信じる道を貫かれれば結構です。しかし、マーケットに受け入れられるビジネスの成功がゴールと考えておられるのであれば、是非支援センターで相談してみてください。

創業一年以内の従業員雇用で最大200万円の創業費用助成

Q　脱サラする人に創業経費助成があるそうなのですが。

A　それは「受給資格者創業支援助成金」ですね。雇用保険の受給資格のある方（受給中の方を含む）が創業する場合に、創業後3カ月以内にかかった創業費用の3分の1（最大200万円）の助成が受けられます。創業後1年以内に継続的に雇用すること等の一定の要件がありますので、申請窓口であるハローワークへ問い合わせをしてみてください。申請書の作成自体はそれほど難しいものではありませんので、ご相談者自身でも十分作成できます。また、この要件さえ満たせば誰でももらえる助成金です。ただ、絶対に覚えておいてほしいことは、創業する前に「計画書」をあらかじめ提出することが絶対条件になりますので、必ず事前にハローワークへ相談してください。

新規性・事業性の高い事業に対して最大500万円の事業経費助成

Q　その他、創業時に利用できる助成金はありませんか。

A　事業経費への助成ということであれば、中小企業基盤整備機構の「事業化助成金」があります。新規性・事業性の高い事業に対して、500万円限度で事業費の2分の1の助成が受けられます。事業化に向けた研究開発・試作、サービスの開拓および事業のプロモーション活動費用まで対象経費となります。有望な内容であれば、創業予定者や個人事業者でも採択されています。ただ、これは先ほど紹介した助成制度とは違い、多くの応募案件から優秀なもののみが採択されます。競争率は7～13倍程度と高くなっています。これは「研究開発への助成金」というのは、多く見られるのですが「事業経費への助成」という制度は、これ以外にほとんどないためだと思われます。ビジネスプランをよく整理してからトライしてみてはいかがですか。その他、各県で創業者支援・産業振興の目的で、県独自の助成制度が設けられていますので、在住県庁の産業振興担当課へ問い合わせることをお勧めします。

ポイント

1 国民生活金融公庫と都道府県や市町村の創業融資は創業者の強い味方
2 「ご利用は計画的に」。返済プランはスムーズな借り入れの第一歩。
3 ビジネスは自分の「必殺技」で一点突破。
4 支援センターで専門家の頭脳をタダで利用する。
5 創業時の「おいしい」助成制度を見逃すな。「事前に相談」は大切。

Q 11 ロングライフビル建設に取り組みたい

35年前に建てた社屋を10階建のビルに建て替えたいと思っています。IT化への対応、耐震設計などにも十分配慮したいのですが、どんなことを知っておくべきでしょうか？

（52歳・会社経営者）

ロングライフビルの提案

Q　今の社屋は1971年に建てました。これから日本経済が右肩上がりという時期で、当時は経済設計を主眼として建てたまではよかったのですが、ここに来てIT化に伴うOA機器の新設、増設に対応しきれなくなってきました。また地震のことも心配です。時代の先を見すえて新築したいと考えているところです。

A　（一級建築士）　1970年頃から1989年までの高度成長期には建物は住宅からビル建設にいたるまでスクラップ&ビルド（短い周期で簡単に取り壊して建て替える）が通用していましたが成熟期に入ったとされる現在は、限りある地球資源の有効活用と経済的にも優れているロングライフビル（100～150年）建設という考え方が注目されるようになってきました。

ライフサイクルコストの検討

Q　100年以上もたせようというのはありがたい話ですが建設コストは相当掛かるのではないですか。

A　当然それなりのコストアップはやむをえませんが、ロングライフビルは建設時のイニシャルコストだけを考えるのではありません、むしろ建設したのち時代の変化・社会のニーズに建物の構造・設備が柔軟に対応できるようにビルのライフサイクルコスト（ビルの生涯コスト）も同時に検討していかなければなりません。

Q　ライフサイクルコストについてもう少し詳しく説明願えませんか。

A　建物を建てたとして、企画・設計・建設・運用・解体するまでのビルの生涯にかかる費用のことでLCCともいわれています。ちなみに、統計上LCCのうち建設費が25%・メンテナンス費が25%、一般管理費が25%、残りがエネルギーなどの運用費と解体処分費1%です。従って建設費以外のコスト削減の方法と実践がライフサイクルコストの大きな鍵となるのです。

ロングライフビルへの条件

「1　コンバージョン（用途変更）を視野に入れる」

Q　そうなると建物の設計のしかたによっては、ライフサイクルコストが相当違ってくるということですか。

A　そうです100～150年使用しようと考えるのであれば建物の用途が自社ビルから将来テナントビルとして運用することになるかもしれない、また場合によってはマンションなどに用途変更する可能性もあるわけです。ですから用途変更も可能な設計をしておくことが大切な条件となります。

「2　用途変更を可能にする条件」

一、階高さを4100～4300ミリとする。

建物の構造・規模・用途によりますがオフィスビルを基準とした場合、天井高さ2800ミリ、天井内部の梁下空間500ミリ、必要に応じてフリーアクセスフロア（二十床）に対応可能な床下空間が300ミリ、そして構造体の梁・床の高さを合わせると4100～4300ミリとなります。

二、構造計算の床荷重は、一平方メートル300kgとする。

三、用途変更をある程度想定して設備用シャフトを設け、避難施設を考慮しておく。

「3　スケルトン・インフィルの考え方」

Q　建物の一部または複数階を最初からテナントビルとして計画する場合はどうでしょう。

A　特にテナントビルとして建てる場合、重要なことは借り主の立場で計画するということです。今まではオフィスビルというと標準的な内装工事と設備でテナント側と契約を結び、やむを得ず一部改装した場合は契約終了時に現況復旧を負担するということが一般的でした。ところが現在は業種にもよりますがOA機器の種類・台数・配置によっては、むしろテナント部分をスケルトン（床・壁・天井が躯体の状態）にしておき、借り主側が都合に合わせてインフィル（内装・設備）をするという需要が増えて

きているのです。その理由として
一、個性的なオフィスを望む。
二、独自のアメニティ（快適なオフィス環境）空間を作りたい。
三、入居時の双方の無駄がなくなる。

「4　メンテナビリティの提案」

Q　建物の維持管理についてはどうでしょう、今回建て替えの理由として当初の設備を大々的に更新しなければならないということもありました。

A　建物は建設時のコストより運営時の管理運営コストのほうがはるかに大きいことは先ほどお話しました、ですから管理運営コストの削減を図ることと、建物は完成時が最高の状態であとは汚れたり傷んだりする一方ですからロングライフビルを建てようとするときメンテナビリティー（メンテナンスしやすさ）は大きな課題になります。そのために次のことがあげられます。

一、内外装共にリニューアルしやすい構造にしておく。
二、建物外装は汚れにくい構造にしておく。
三、外装材は光触媒・超親水性のある素材を使用する。
四、内装材・設備等は更新に備えて特注品は避けて標準品を多用する。
五、設備更新時などに備え階高・天井裏に余裕もたせておく。
六、設備更新時に合わせ20年単位で修繕計画をたてる。
七、リサイクル・リユースなど環境問題に配慮する。

「5　耐震設計の考え方」

Q　地震のことが心配です。

A　今世間を騒がしている耐震偽装問題はさておき耐震設計の方法として、建物の主要構造部（柱・梁）に耐震性を持たせる旧来の方法から、制振材・免振材の使用によって地震力を減衰させて地震の被害を抑えるという方法に進化してきましたが、問題は建築基準法では人命を守るため建物の倒壊を回避する最低基準を基本としているということです。倒壊はおろかわずかな建物の傾きがエレベータの運転に支障をきたしたら建物はまったく機能しなくなってしまいます。

ですから、ロングライフビルの耐震設計は設備も含めて慎重に計画しなければなりません、最新の注目されている方法として「損傷制御設計」があります。これは地震時の建物の損傷箇所をあらかじめ計算して設置箇所を決め制振部材を変形させることで地震力を吸収して主要構造部を守る（車のバンパーのような機能）というもので、変形した制振部材を交換するだけで済んでしまいます。つまり、建物の資産価値も守るということです。

Q　そうとうなコストが掛かるのではないですか。

A　建物のライフサイクルコストという視点で考えれば決して高いとはいえないでしょう。

「6　設備計画の要点」

Q　長期間使える設備にしたいと考えています。

A　一般的には使用材料・設備の耐用年数・更新時期は20年とされていますが、ここで注意しておかなければならないこととして、次のことがあげられます。

一、配管材料はステンレス管、スケジュール管を採用して高耐久化を計る。配管シャフトは将来に備え余裕をもたせておくことです。

二、空調設備は、用途に応じて使い分けできるような配慮が必要、垂直方向のシャフト・天井裏など水平方向にも余裕を持たせておく、またコージェネなど将来の新しいエネルギー供給による空調システムの検討もして対応できるようにしておくことです。

三、電気設備ついては、情報ビジネスの拡大とＯＡ機器が一般化している現代のオフィスでは電源を24時間一瞬たりとも停止させるわけにはいきません。したがって予備発電装置、無停電電源装置などを設置するスペースを確保しておくことです。電源のセキュリティ確保ということでこれは大変重要なことです。

そして将来の電源エネルギーとして注目されている燃料電池、コージェネ導入を視野に入れたシステムの検討と予備スペースの確保もロングライフビル作りの重要な課題であり、省エネ化の視点からも考えておくべきことです。そして、第四の点として、

四、セキュリティ（防犯設備）については、自社ビルとして計画する場合はさほど問題にはなりませんが、テナントビルとして計画する場合ＩＤカードを2、3枚持ち歩くことがないよう計画すべきです。

Q「7　投資家の目でロングライフビル作りを考えてみる」

ロングライフビル建設には検討すべきことがたくさんあることがわかってきましたが、そのほかに

考えておくことはどうでしょう。

A 「建物の証券化」という言葉を耳にするようになりました。投資家が真っ先に調査することは、リスクマネージメントへの対応の程度です。たとえば地震に対する性能評価、電源セキュリティの有無などです。それと今までお話した条件などです。ロングライフビルとなれば、なおのこと見方が厳しくなることはいうまでもありません。

ですから別の見方として投資家の目でロングライフビル作りを考えてみるということも大切なことと思います。

ポイント

1 ライフサイクルコストのうち建設費は全体の25％
2 リスクマネージメントへの対応
3 投資家の目で考える

Q 12 業種転換をはかるには、どうしたらいいの？

建設業を取り巻く経営環境は急速に悪化しており、このままだと、社業の将来が不安です。これまで先代が培ってきた地域密着という利点や、知名度、建設業で培ったノウハウや人的資源を最大限に有効活用した思い切った業種転換を図りたいのです。

（土木建設業の二代目社長・45歳）

地域密着型産業の業種転換

Q 私の会社が進出できるような成長業種にはどんなものがあるのでしょうか。

A（税理士） 社会資本の成熟、少子高齢化の進展、巨額の財政赤字の中、政府のすすめる行財政改革により、地方分権と小さな政府をめざす動きが本格化してきました。公共事業の落ち込みにより建設市場は急速に縮小し、建設業の異業種進出が始まっています。長引く全体的な経済の低迷の中にあって、産業廃棄物処理やリサイクル事業、環境修復事業等環境ビジネスの市場規模の拡大が注目されています。また、農業や介護、生活関連サービス等の業種も注目されています。あなたの会社では「介護ビジネス」なども有望です。

Q 介護ビジネスは成長性が見こまれるのですか。

A 介護保険は40歳以上を被保険者とする皆保険制度で、約6000万人が保険料を支払う被保険者であり、介護保険がスタートした当初の保険財源は2兆円弱でした。これと同額が税金から公的介護保険基金に支払われます。これに1割の利用者自己負担分が加わり、2000年度の介護市場規模は4・3兆円でしたが、要介護者数の増加を背景に、介護市場は順調に拡大し、2005年度には6兆円、2015年度には12兆円へ、2025年度には20兆円までふくらむと予想されています。また1970年には65歳以上の高齢者人口は7・1%でしたが戦後のベビーブーム世代が高齢期に達する2015年には、25・2%に達すると予想され、超高齢社会が目前に迫っています。高齢者を対象としたサービス業が、最も大きなマーケットになることは間違いありません。

介護業界の現状

Q なるほど、そうですか。介護業界の現状について教えてください。

A 民間事業者が参入できる介護事業は、グループホーム、有料老人ホーム、通所介護、訪問介護、訪問入浴介護、訪問看護等のサービスに分類されます。病院が、診療報酬改定の影響を受け、在院日数短縮のため、患者の早期退院を促したこと、厚労省が2012年度をめどに療養病床再編の一環として介護療養病床を廃止する方針を打ち出していることに伴い、在宅復帰後の生活に不安を抱える患者が増加しています。その受け皿として、さらに特別養護老人ホームの代替施設として、介護付の有料老人ホームやグループホームのニーズが高まっています。有料老人ホームについては、介護保険施行前に、年間2000戸程度の増加であったものが、2004年から年間20000戸程度の大幅な増加となっており、2005年から入居率の低下傾向が見られます。さらに2006年4月からは、有料老人ホームの定義が変わり、競合する有料老人ホームが増えること、また医療法人の参入解禁の動きもあり施設数はいっそう増加する見込みです。そこで入居者へのサービスの向上、競合との差別化の観点から、介護の質の向上、医療機関との連携の強化が重要視されています。最近、入居者の医療依存度の高まりに対応するため、クリニックやクリニックモールを併設した有料老人ホームが建設される傾向にあります。一方、グループホームは２００３年介護報酬改定で介護報酬が引き上げられたこともあり、大幅に施設数が増え、経営面でも良好でした。しかしながら、２００６年４月からの介護保険制度改革により特定施設の指定権限が一部都道府県から市町村に移り、地域密着型サービスに組み込まれることから、最近、自治体による設立抑制の動きが広がっているようです。（特定施設とは、有料老人ホーム、ケアハウス等で都道府県から特定施設入所者生活介護の指定を受けた施設のこと）

また、通所介護サービスについては、２００６年４月から施行される介護予防サービスの中心として位置づけられており、マーケットが拡大することが予想されます。さらに、今後認知症高齢者の増加が見込まれることを考えると、地域密着サービスとして認知症対応型通所介護への取り組みも視野に入れることが求められているようです。

訪問型の介護事業として、訪問看護サービスが、制度改革の影響を受け確実に需要を拡大する見込みです。

Q　我が社が参入するとしたら、どうしたらいいのでしょう。

A　現在経営している建設会社の定款を変更して、「会社の目的」に介護事業を加え、都道府県または市町村から介護事業者の指定を受ければ参入することができます。また、株式会社が行うことのできる在宅介護サービスとしては、特定施設入所者生活介護（有料老人ホーム等）・認知症高齢者グループホーム・通所介護（デイサービス）・訪問介護（ホームヘルプサービス）・訪問入浴介護等があります。

確かな事業計画書の作成で助成金、公的融資制度を活用

Q これまで本業の赤字が続き、資金調達に不安があります。

A 新規事業の立ち上げでは、いかにして資金調達をするかが鍵となります。最近では、医療介護系の事業に積極的に融資してくれる民間の金融機関がありますから相談してみてください。このとき、介護業界の現状、将来見込みを十分に考慮した事業計画書の作成が不可欠です。この分野に精通した医療介護分野の経営コンサルタント、税理士への綿密な事前相談をお勧めします。また、各種助成金や、国民生活金融公庫、独立行政法人福祉医療機構等の公的資金融資情報をインターネット等で収集して活用するのもよいでしょう。

介護雇用創出助成金は、介護事業を開始するに当たり活用しやすい助成金の一つです。この助成金は、特定の資格や要件を満たした従業員を雇い入れる事業主が受給でき、介護基盤人材確保助成金、介護雇用管理助成金、介護能力開発給付金の三種類からなっています。申請窓口は、介護労働安定センターの都道府県支部です。助成金の申請事務は、計画書の作成から実際に助成金を支給されるまでに多岐にわたっていますし、申請のタイミングを間違えると助成金の対象にならないこともありますから、助成金の申請事務に精通した社会保険労務士に早めに相談し、適切なアドバイスをもらうことをお勧めします。

資金調達の多様化

Q 銀行借り入れに依存しない資金調達方法はありませんか。

A　最近、SPI（社会的責任投資）の観点から介護事業を行うことを目的とする少人数私募債を発行することにより資金調達する方法が注目されています。少人数私募債とは、50人未満の親近者を中心とした投資家対象に無担保で発行できる小規模な社債のことで、株式会社であれば企業規模に関係なく発行することができます。少人数私募債は、社債発行総額が5億円未満ではありますが、主務官庁への届出や告知義務が免除されますし、銀行などの社債管理会社が不要で手数料や委託料等の費用がかかりません。

Q　少人数私募債の利息は会社に資金を貸し付けた場合の貸付利息と税金の扱いがことなると聞きましたが、どういうことですか。

A　会社にお金を貸し付けて、その対価として利息を受け取ると、利息をもらった個人は雑所得として他の給与所得等と合算して課税されます。ところが社債利息は、源泉分離課税の対象となります。これは、銀行の預金利息の扱いと同様です。したがって、高額な報酬を得ている投資家あるいは同族会社のオーナーにとっては、税金の扱いが有利となるのです。

ポイント

1　成長産業への業種転換による企業再生を検討しましょう。
2　確かな事業計画書を作成し、助成金、公的融資制度の活用を検討しましょう。
3　多様な資金調達を検討しましょう。

Q12 営業規制と経済特区について教えて

当社はビジネスアイデアをたくさん考えておりますが、営業規制の壁にぶつかり立ち消えになったり、途中で許認可が必要だということに気づきあわてたり、営業規制に苦しむことがよくあります。営業規制に対する企業の積極的な姿勢を教えていただけないでしょうか。

（設立2年目の新興会社社長・50歳）

規制は増えているのか？

Q 政府は規制緩和を進めているそうですが、私からすると実感がないのですが？

A（行政書士） 個々の既存の営業規制は緩和される傾向にはありますが、新たに営業規制が追加されていることも確かです。

Q やはりそうですか。我々は熾烈な競争社会に生き、他社との差別化のため、いろいろアイデアを練ってますが、どうもうまくいきません。

A 急速かつ複雑な経済社会の変化で、法律の数は増える一方です。そうなると知らず知らずのうちに規制の網にかかることが増えるのは必然です。

Q そうなんです。うちもある程度投資した後で、営業規制にひっかかり、損害を出したこともあります。

A　よくわかります。たぶん大丈夫だろう、と思ってやってみたら大変なことになったしまった。それを回避する一つ方法が、数年前から各省庁で導入されました。それが『ノーアクションレター制度』です。

ノーアクションレター制度ってなに?

Q　はじめて聞く用語ですが、どういうものでしょうか?

A　民間企業等が事業活動を行う上で、新しい商品の販売やサービスの提供を行おうとする際に、その新たなビジネスが法令に違反しないことが事前に明らかにならない場合には、民間企業等としては、折角の有望なビジネスの開始をあきらめてしまうケースも考えられますが、そのビジネスが適法に行い得るものであった場合には、結果として、社会経済において大きな損失となってしまいます。このような問題に対処するため、政府は、「IT革命の到来等の中で、民間企業の事業活動が迅速かつ公平に行われることを視野に入れて、行政処分を行う行政機関がその行政処分に関する法令解釈を迅速に明確化する手続を制度化したものです。次ページの表に手続きの概要がありますので、ご覧ください。

Q　なるほど。でも、面倒そうな手続きで、意味はあるのでしょうか?

A　コンプライアンス（法令遵守）の観点から、消費者、取引先に対して、企業は責任があります。必要な許認可の範囲内で行動することについて行政庁の見解を文書及び公表という形での認知が得られます。また、事前に確認してから事業プランを練れるので、安心です。

Q　なるほど。でも、公表されるということは、せっかくのビジネスモデルが流出してしまいそうで怖いですね。

A　そういう面もありますが、他方、他社の考えたビジネスモデルも知りうることになります。それを参考にニュービジネスを完成させることも可能でしょう。（ビジネスモデル特許のあるものは不可。）

ノーアクションレター制度概要
～照会と回答、公表～

＜照会の対象＞
①その事業や取引を行うことが、無許可営業等にならないかどうか

②その事業や取引を行うことが、無届け営業等にならないかどうか

③その事業や取引を行うことによって、業務停止や免許取消等（不利益処分）を受けること
がないかどうか

＜照会の方法＞
①計画している新しい事業や取引の具体的内容

②適用対象となるかどうかを確認したい法令

③法令の適用の有無についての照会者の見解とその根拠

④照会者名、照会及び回答を公表することについての同意

＜回答の方法＞
原則として、照会書を受領してから30日以内に、書面により回答を行います。

＜公表の方法＞
照会者名、照会内容、回答内容を該当行政庁のホームページ上で公表します。

規制の壁は破れない？

Q　規制の事前確認の重要性はわかりましたが、壁にぶつかったらあきらめるしかないですよね？

A　今は、そうともいえません。

Q　どういう意味ですか。

A　今は、構造改革特区という制度があります。簡単にいえば、ある地域だけ、一定の規制を廃止又は緩和し、経済効果をはかり、よければ全国にそれを広めることを目的とする制度です。

Q　なるほど。でも、それは政府や地方自治体が決めることで、我々ではどうしようもないのでは？

A　そう思われている方が多いですが、実は、民間・個人・団体（ＮＰＯ等）からの提案を受け入れて、構造改革特区にすることも可能なのです。

Q　えっ、そうなんですか、もっと具体的に教えてください。

A　別表二を見てください。大体の流れはわかると思います。正式な推進機関は内閣官房構造改革特別区域推進本部です。『特区出前コンサルタント派遣』というのもあります。

どんな特区があるの？

Q　ところで、実際、どんな特区があるのですか。

A　有名なところでは株式会社が学校を設置できるようになりました。これの効果は、株式会社が大学や専門職大学院を開校して、高い専門性を持った人材を輩出し、卒業生や科目履修生から多数の起業が

構造改革特区のフローチャート

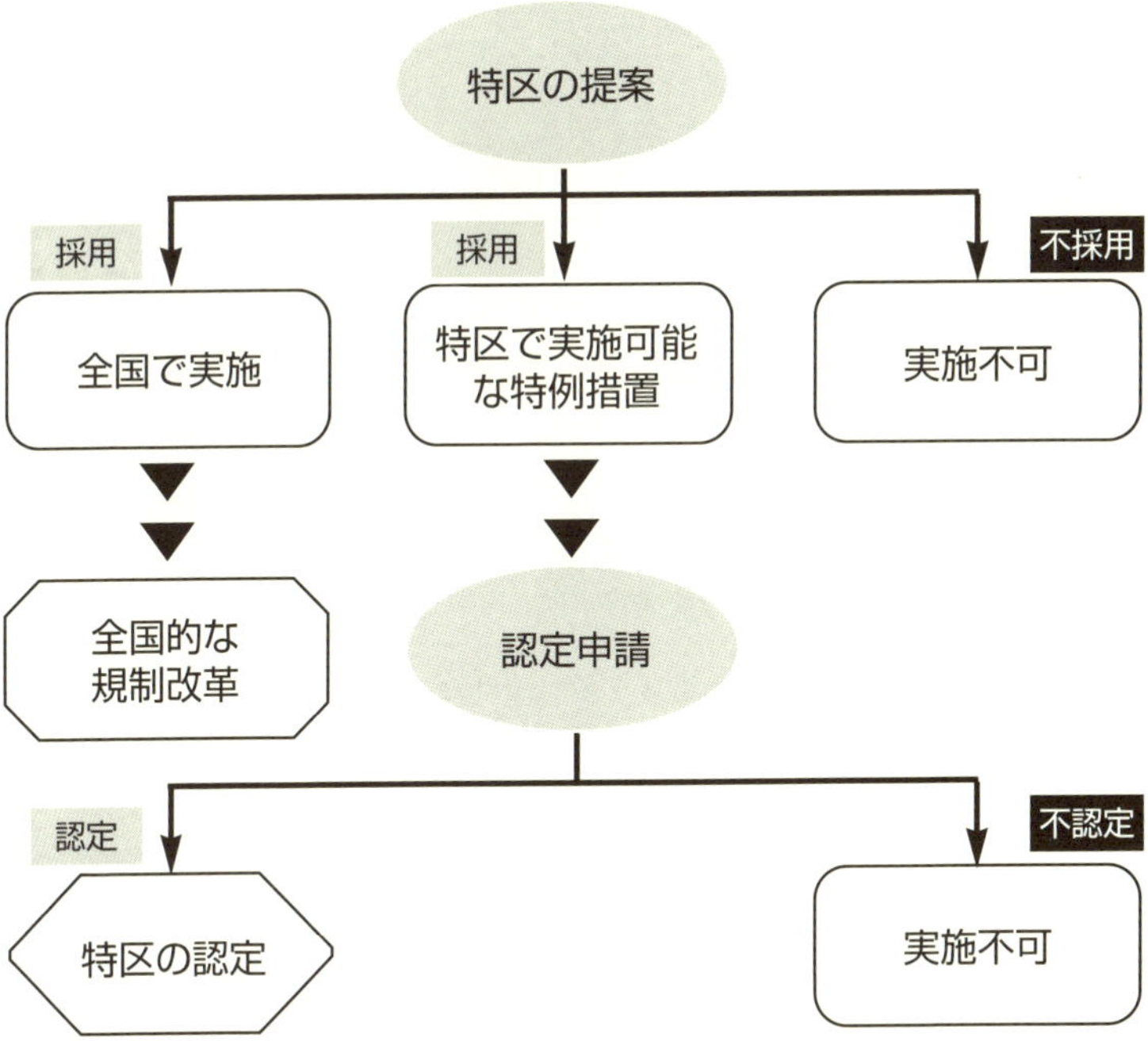

期待され、地域の活性化につながる、というものです。他には刑務所等における施設の警備や収容等に関する事務等の一部を民間事業者に委託するとともに、診療所を地域に開放することが可能となり民間事業者が一部の事務を行うことで、コストの削減になり、また、一般の方々が施設内の診療所を利用することが可能にもなる、というものです。

Q　意外とあるんですね。

A　株式会社等が、農地リース方式により農業に参入できるようになった事例はすでに全国適用になりました。民間ではいろんな知恵が眠っているという証でもあります。いずれにしろ、営業規制に屈するか、否かは経営者のその事業への情熱に左右されるでしょう。今は簡単にあきらめる時代ではないです。

ポイント

1 規制の有無をしっかり調べてから事業を開始すること。
2 複雑な規制が重なる場合はノーアクションレター制度を活用すること。
3 規制を緩和するよう提案できる制度がある。
4 構造改革特区の提案は民間が主体的に行うほうがよい。
5 実現した構造改革特区はやがて全国に適用される。

tips

障害者雇用と支援制度

Q　「障害者雇用率制度」というのはなんでしょうか。

A　障害者の雇用の場を確保するため、全ての事業主が常用労働者の数に対する一定割合（障害者雇用率）の数の身体障害者、または知的障害者を雇用することを義務づけている制度です。平成16年3月現在の民間企業の法定雇用率は1・8％と定められていて、精神障害者は障害者雇用率の算定対象となっていません。さらに、法定雇用率未達成の企業のうち、常用労働者301人以上の事業主から納付金を徴収する障害者雇用納付金制度があり、そこから、法定雇用率達成企業に対して調整金、報奨金の支給や、障害者の雇用促進のための各種助成金を支給します。（次ページ「おもな助成金制度」の一覧表参照）。助成金の申請書や障害者雇用納付金の申告書等は、各都道府県の障害者雇用促進協会等を経由して、独立行政法人「高齢・障害者雇用支援機構」に提出します。

相談窓口は

Q　実際に障害者を雇用する場合、どこに相談にいけばいいですか。

A　相談窓口には次のようなものがあります。

①ハローワーク…通常の求人部門に加え、求職中の障害者を専門に相談する窓口である専門援

障害者雇用についてのおもな助成金制度

障害者作業施設設置等助成金
（対象）障害者を常用労働者として雇い入れるか継続して雇用する事業主

障害者福祉施設事業主設置等助成金
（対象）障害者を雇い入れるか継続して雇用している事業主。または事業主の加入している事業主団体

障害者介助等助成金
（対象）就職が特に困難と認められる障害者を雇い入れるか継続して雇用している事業主

職場適応援助者助成金
（対象）障害者の雇用に伴って必要となる援助を行う「職場適応援助者（ジョブコーチ）」の配置を行う事業主

重度障害者等通勤対策助成金
（対象）重度身体障害者、知的障害者、精神障害者または通勤が特に困難と認められる身体障害者を雇い入れるか継続して雇用している事業主、またはその事業主が加入している事業主団体

重度障害者多数雇用事業所施設設置等助成金
（対象）重度身体障害者、知的障害者または精神障害者を多数雇い入れるか継続して雇用し、かつ、安定した雇用を継続することができると認められる事業主

障害者能力開発助成金
（対象）障害者の職業に必要な能力を開発し、向上させるための能力開発訓練事業を行う事業主またはその団体、社会福祉法人

＊その他の制度、内容の詳細については「高齢・障害者雇用支援機構」ホームページ（http://www.jeed.or.jp/）をご覧ください

助部門があります。

②地域障害者職業センター…全国四七都道府県に設置され、事業主、障害者に対し就職や職場定着に関する支援を行っています。

③障害者雇用情報センター…仙台、東京、名古屋、大阪、福岡にあり、各種相談や就労支援機器の展示、情報提供を行っています。

④都道府県障害者雇用促進協会等…納付金、助成金の窓口、各種相談業務を行っています。

Q 人材募集は、どうすればいいのですか。

A 新聞・雑誌や民間の人材紹介機関に求人を出す方法もありますが、障害者の応募者の多くはハローワークに求職登録をしている場合が多いようです。

職場の改善

Q 職場の改善はどんなことに注意すればいいですか。

A まずは、障害者が従事できる仕事を見つけなければなりません。社内の職務を見直すことが必要です。たとえば

1、職務を細分化・分業化して、再構成してみる。

2、ひとつの業務を細分化してシェアする。

3、外注している業務を見直す。

4、在宅勤務、フレックス勤務などを導入する。

一般的に体の不自由な人は事務職に、知的障害者・精神障害者は現場作業に従事することが多い

ようですが、障害によって職務を限定せず、知的障害・精神障害者の場合は、家族や関係者とも連携をとって進めましょう。

また、職場の人間関係についても配慮しなければなりません。孤立したり、困っているようなら まず声をかけましょう。ひとつの仕事から任せて、少しずつ職場環境に慣れてもらうことが大切です。仕事に慣れれば、職場の人間も自然と手助けができるようになり、より良い人間関係が生まれます。社内の担当者や相談先を決めておくのもよいでしょう。地域障害者職業センターのジョブコーチ支援事業などを利用すれば、カウンセラーやジョブコーチから、職場の中での実際の接し方などのアドバイスを受けることができます。また都道府県障害者雇用促進協会等での講習会も活用できます。

会社のプラスになる面も大きい

Q 安全や健康管理の面で、配慮することはありますか?

A そうですね、たとえば内部障害者の場合は定期的な通院が必要でしょうし、視聴覚障害者の場合は、緊急時を合図する方法を工夫する必要はあるでしょう。

Q 経済的な負担が増えたり、生産性が下がったりしないものでしょうか。

A 障害者だから生産性が低いというわけではありません。職務能力の高い障害者はたくさんいます。ただ本人の職務能力に応じた仕事を作り出すことは必要です。障害者雇用に関しては、社会的動向を鑑み、政府も強力に推進をしていますので、会社の社会貢献にもつながりますのでぜひ検討してください。

座談会
1

社外ブレーンとして専門家を活用する〈その1〉

クライアントと専門家の出会い

弁護士　弁護士というのは経営者の方にとっても敷居が高いんでしょうね。顧問契約を結んでいるのに相談に来られるのは数年に一度だけというケースが多いですよ。相談するのは、おそらくよほど困った事案が発生したときでしょうが、我々としてはもっと積極的に活用してほしいと思っています。いきなり難問をぶつけられるより、普段からのつき合いがあれば、よりよい解決策を考えることができるからです。そのためにももっと気軽に何でも相談してほしい。

税理士　我々税理士の場合はクライアントのところへ出向くのが一般的です。しかし弁護士さんの場合は逆でクライアントが弁護士事務所へ訪れるというのが普通でしょう。そんなところも普通の人にとってまだまだ敷居が高く感じられるのでしょうね。この程度のことを相談してもいいのだろうかという気持ちがあって、よほどのことでもない限り足を向けにくいのでは。クライアントのところへ出かけると、話の幅が広がってきますよね。

土地家屋調査士　私が会社員をしている時、知り合いの紹介で弁護士のところへ相談に出かけたことがあります。良心的な事務所だということで知り合いもその程度の話なら相談料はいらないということでしたが、お金を払わないと軽くあしらわれるというか、相談をまともに聞いていただけなかったことがありました。

行政書士　私の場合はその反対で、外国人労働に関する相談で弁護士さんを訪ねたときは、お金にもならない人助けのようなことをやっておられるな、と感心したことがあります。

弁護士　一口に弁護士といってもいろいろなタイプの人がいるのです。また弁護士のところへ行くことは、即裁判と考えている人が多いようです。でも相談をするだけで意外と簡単に解決できる問題もたくさんあります。同じように法律を扱うといっても知識や経験によって得意とする分野はそれぞれ違いますしね。そのあたりがもっとわかりやすくなるといいのですが。最近は昔のような規制がなくなったので、自分の得意分野を広告している弁護士も出てきました。相談したい事柄について、どこの弁護士を選んだらいいのかという目安はわかりやすくなったように思います。

行政書士　以前は誰かに紹介してもらうか、評判を聞いて弁護士を選んでいましたからね。ほとんど口コミです。経営者の立場からすればいろいろな得意分野をもつ弁護士を、それぞれ上手に活用すれば、解決できることも増えていくのだと思いますね。

税理士　ホームページで自分の事務所の紹介をしている弁護士も見かけますね。

弁護士　弁護士の場合、まだまだ少ないのですが…。皆さんの場合はどうなのですか。

行政書士　私は外国人雇用に関する分野が得意なので、英語、中国語、日本語のホームページを作っています。でも、それ以外には広告などはしていないですね。あまりやりすぎると、かえって困った依頼を受けることがありまして。例えば就労ビザの期限が切れるから在職証明書を作ってほしいという電話がかかってきたり…。個人の場合は、やっぱりこれまでのお客さんからの紹介、企業の場合は商工会などを通してのクライアントが多いですね。

複雑化する経営環境にアドバイス

司法書士　バリバリやってきた創業社長の中には、遵法意識が希薄な人もいますね。そういう時に法律の専門家や専門知識を持った人たちにアドバイスを求めていけば、経営のノウハウになって蓄積されていくはずです。

行政書士　企業の方はどんな問題で弁護士に依頼に来ることが多いのですか。

弁護士　やはりトラブルになった場合ですよ。中でも多いのは訴えられたときです。それとコンプライアンスを構築するときでしょうか。

税理士　経営環境はどんどん複雑化しています。

相談できる資格者がたくさんいる会社はいろいろな角度から物事を検討できるので強いですね。今後は、私たち「ＬＬＰゼフィルス」が役立つことも多くなると思います。

司法書士　国の制度的な後押しもあって、今後は若い起業家が増えてくると思います。同時に危ういことをする人も増える可能性がありますね。しかしうまくルールを教えて育てていけば経済を下支えする企業なり人材になっていくはずです。そういう意味からも、市場経済で正当に振る舞うためのコンプライアンスの確立は、教育的な意味を持つと思います。

弁護士　経営者にとって一番身近な存在が税理士でしょう。経営者が税理士の能力を活用するために、もっと相談をしてもらってもいいということはありませんか。

税理士　バブルが弾けてから苦しい経営の時代が続き、やっと最近明るさが見えてきたところですね。そうした中で経営者は以前に比べ前向きに物事を考えるようになってきたようです。私たちがやっていることも〝守り〟から〝攻め〟へと転じつつあります。例えば銀行との関係でいうと、売り上げが減少していく中で、それに合わせて財務リストラをしてきましたが、いい評価を受けながら前向きな資金調達ができるように会社を組み立て直すようになってきました。

日本経済の流れを見ると、何もしなくても成長する時代が続き、次に何ともしがたい時代があり、今や何をどうすればいいのかわからなくなってしまった。そこで社外ブレーンの話を真剣に聞き、一緒になって議論しながら方向性を組み立てていこうという雰囲気が企業側に出てきています。役員会などに税理士の出席を求めてくる企業も増えています。営業会議へ出席してほしいというところもあります。一般社員が直接営業に関して相談してくることもありますよ。

司法書士　単なる帳簿作成や税務申告の専門家というより、会社としての方向性を組み立てるためのブレーンとして専門家を活用しようという動きですね。

行政書士　新会社法でも税理士さんが関与することが増えていますね。

「セカンドオピニオン」

税理士　実際、会計をやる税理士と経営コンサルティング的な税理士の両方を顧問にする企業はけっこうあります。顧問税理士を決めるので面接にお越し下さいという企業もあるくらいです。そこでは報酬から業務の範囲などかなり厳しいことをいわれました。

調査士　税理士の場合はコンサルタント業務があり、そこでの能力の違いは企業の命運を左右することになるかもしれませんから面接で選ぶということも考えられますが、我々の場合はそこまではいかないですね。でも、今は選ぶほうの目が厳しい時代です。相見積もりなんてことも、時々ありますよ。

行政書士　手続きは依頼してきた会社が行うので、書類のチェックだけしてほしいというところもありますね。ですから相談料いくらを支払って意見だけを求めるという形で専門家を活用してもらってもいいかもしれません。

司法書士　これからは医者のように「セカンドオピニオン」が求められるようになってくるかもしれません。

弁護士　我々の場合は、すでにそうした動きがあります。昔は他の弁護士に委任している場合は相談を受けてはいけないとされていましたが、最近は積極的に受けなさいといわれていますよ。

税理士　企業規模が大きくなってくるとセカンドオピニオンを求められることはあります。「資格を持っているから全てに万能」というわけではありませんから、お互い勉強になって良いと思いますね。そのことが企業へはね返り、レベルを上げることにもつながります。

行政書士　私たちＬＬＰゼフィルスも、コンサルタント集団という側面を、もっとアピールしていいのかもしれません。やはり士業の持つ知識・能力は、即経営資源として活かせるものだと思いますから。

Part2

守り に生かす活用術

Q1 「営業秘密」をどうすれば保護できる？

従業員が会社の顧客名簿や顧客に関するデータを持ち出したうえ、退職後に別の会社をつくり、その名簿やデータを使った営業活動を行って顧客を奪い取るというような例があると聞きました。どうしたら、このようなことを防ぐことができるのでしょうか。

（従業員30名・50歳・墓石販売会社社長）

不正競争防止法

Q 会社の顧客名簿や顧客に関するデータなどを保護してくれる法律というものは、あるのでしょうか。

A（弁護士） 会社の顧客名簿や顧客に関するデータなどは、法律上「営業秘密」と呼ばれます。この営業秘密は、不正競争防止法という法律で保護されています。それは、営業秘密を侵害する行為が、コピー商品の販売や他人の著名な表示の無断使用などと並んで不正競争であると考えられているためです。

どのように保護されるのか？

Q　その不正競争防止法では、どのように営業秘密が保護されるのでしょうか。

A　まず、窃取、詐欺、強迫その他の不正の手段によって営業秘密を取得する行為、また、そのような不正の手段によって取得した営業秘密を使用したり開示したりする行為が禁止されています。

その他、営業秘密を保有する事業者からその営業秘密を開示された者が、不正の競業をする目的などでその営業秘密を使用する行為、不正に取得・開示された営業秘密であることを知ってさらにその営業秘密を取得する行為などが禁止されています。

そして、これらの禁止された行為をなす者に対しては、その行為の差止めや損害賠償を請求することができますし、不正に取得・使用された営業秘密の廃棄を求めることもできます。また、刑事罰が科されることもあります。

保護される営業秘密とは？

Q　どんな情報が営業秘密として保護されるのですか。

A　不正競争防止法では、「営業秘密とは、秘密として管理されている生産方法、販売方法その他の事業活動に有用な技術上または営業上の情報であって、公然と知られていないもの」と定義されています。

つまり、ある情報が不正競争防止法によって営業秘密として保護されるには、①秘密管理性、②有用性、③非公知性という三つの要件が必要であり、情報の保有者が主観的に営業秘密であると思っているだけでは不十分なのです。

従業員の秘密保持義務、営業秘密の特定

Q そうなんですか。では、法律によって営業秘密を保護してもらうためにしておかねばならないことを教えてください。

A 営業秘密が漏洩するのは、産業スパイなどの会社の外部の者による場合だけではなく、会社の従業員によってなされる場合が多いといわれています。したがって、まず、就業規則や労働協約で従業員の「営業秘密保持義務」を明確に定める必要があります。これは、既存の就業規則に「営業秘密」の章を追加してもいいですし、新たに「営業秘密規程」を作っても構いません。

次に大事なことは、あなたの会社にとって、どのような情報が「営業秘密」になるのかを決めることです。営業秘密には、製品の製造方法、設計図、研究データなどの技術上の情報、顧客名簿、仕入先リストなどの営業上の情報などさまざまなものがあります。こうした情報のなかで「営業秘密」とするものを特定していくのです。そして、これも就業規則などに明示する必要があります。

営業秘密の管理体制

Q 社内の管理体制はどうしたらいいのでしょうか。

A まず、営業秘密の管理責任者を決める必要があります。そして、営業秘密の保管場所を限定し、そこを施錠できるようにして鍵の管理者も定めます。営業秘密の取り扱いができる従業員を制限することも必要です。

また、営業秘密が文書であるときは、文書に「極秘」や「秘密」などと記載して営業秘密であることを表示すること、文書のコピーの制限をすること、コピーした文書の廃棄方法を定めることなどをします。

さらに、営業秘密をパソコンに保存するときは、営業秘密を保存するパソコンを限定すること、営業秘密を取り扱う者にパスワードを与えこれを毎月変更すること、パソコンからのデータの持ち出しを禁止すること、パソコンからの印刷を制限すること、パソコンから印刷した文書の廃棄方法を定めることなどが必要です。

そして、これらもできるだけ就業規則などに定めなければなりません。

その他の対策

Q その他にはどのような対策をとったらいいでしょうか。

A その他には、次のような対策があります。

①従業員が新たに営業秘密の取扱者になったときは、その従業員に営業秘密を保持することを内容とする誓約書に署名・押印させること

②従業員に対し、営業秘密が会社の重要な財産であることを学ばせる社内教育を行うこと

③営業秘密の無断使用は会社の外でされることが多く、これを直接発見することが困難であるため、従業員に対し、会社の営業と同種の営業をすることを禁じる競業避止義務を課し、それを就業規則などに記載すること

④退職後の従業員に対しても、営業秘密保持義務や競業避止義務を課し、それを就業規則などに記載

すること

ポイント

1　会社の営業秘密は、不正競争防止法によって保護される。

2　営業秘密を不正に使用する行為などに対しては、差止め請求、損害賠償請求、営業秘密の廃棄請求をすることができ、刑事罰が科されることもある。

3　不正競争防止法によって保護される「営業秘密」には、①秘密管理性、②有用性、③非公知性という三つの要件が必要である。

4　営業秘密を守るためには、まず、就業規則などで従業員の秘密保持義務を明確に定めること、会社にとっての営業秘密を特定することが必要である。

5　次に、管理責任者を置くなど営業秘密の管理体制を構築したうえ、従業員に誓約書を作成させるなどの対策をとならなければならない。

Q2 「消費者契約法」とは、どんなもの？

会社と顧客との間で締結した契約が、消費者契約法という法律により取り消されたり、無効とされることがあると聞きました。この消費者契約法とはどのような法律なのでしょうか。

（従業員10名の小売業社長・35歳）

Q 消費者契約法とは、何のために作られた法律なのでしょうか。

A（弁護士） 消費者契約法は、事業者と消費者との間に存在する「情報・交渉力の格差」に着目し、一定の場合に事業者と消費者との間で締結された契約を取消・無効とすることにより、消費者の利益を擁護するという法律です。

事業者・消費者

Q 消費者契約法でいう「事業者」、「消費者」とはどのような人でしょうか。

A 「事業者」とは、法人と、事業をする個人です。ここで「事業」とは「一定の目的をもってなされる同種の行為の反復継続的遂行」のことですが、要するに、株式会社や有限会社などの会社はもちろん、個人で商売をされている方も広く「事業者」に該当します。

また、「消費者」とは、事業者でない個人です。

どのような場合に取消・無効となるのか？

Q どのような場合に、事業者と消費者との間で締結された契約が取消・無効となるのですか。

A 事業者の一定の行為により消費者が誤認・困惑して契約を締結した場合に、消費者は契約を取り消すことができます。

また、事業者の損害賠償の責任を免除する条項などの消費者の利益を不当に害する契約条項が無効とされます。

消費者を誤認・困惑させる事業者の行為とは？

Q 消費者を誤認・困惑させる事業者の行為とは、どのようなものでしょうか。

A 消費者契約法では、消費者を誤認させる事業者の行為として三つの類型を、また、消費者を困惑させる事業者の行為として二つの類型を挙げています。

消費者を誤認させる行為は、次のとおりです。

①重要事項について事実と異なることを告げること（不実告知）

②物品など契約の目的となるものに関して、将来におけるその価額など将来における変動が不確実な

事項につき断定的判断を提供すること（断定的判断の提供）
③消費者にある重要事項を告げたが、当該重要事項について消費者に不利益となる事実を故意に告げなかったこと（不利益事実の不告知）
また、消費者を困惑させる行為は、次のとおりです。
④契約締結の際に、事業者が、消費者から求められたにもかかわらず、消費者の住居などから退去しなかったこと（不退去）
⑤逆に事業者が事業者の事務所などから消費者を退去させなかったこと（監禁）
事業者がこれらの行為をして消費者と契約を締結したときは、消費者から当該契約を取り消されるのですから、事業者としては、自らこれらの行為をしたり、従業員にこれらの行為をさせたりしないように注意しなければなりません。

不実告知・断定的判断の提供・不利益事実の不告知の具体例

Q 不実告知・断定的判断の提供・不利益事実の不告知の具体例を教えてください。

A 不実告知の例は、事故車である中古の自動車を顧客に「事故車ではない」と説明して売却する場合です。

断定的判断の提供の例は、顧客に必ず値上がりすると説明して株式・債券・不動産などを売却する場合です。

不利益事実の不告知の例は、既存の生命保険から新しい生命保険に切り替えさせる際に、顧客に対し新しい生命保険の有利な点のみを説明し、既存の生命保険よりも不利な点を説明しなかった場合です。

消費者の利益を不当に害する契約条項とは？

Q それでは、消費者の利益を不当に害する契約条項とは、どのようなものでしょうか

A 消費者契約法では、消費者の利益を不当に害する契約条項として、次の条項を挙げています。

①事業者の損害賠償の責任を免除する条項
②消費者が支払う損害賠償の額を予定する条項
③消費者の利益を一方的に害する条項

これらに該当する条項を契約書に記載しても無効とされますので、気をつけてください。

Q なるほど。では、その具体例も教えてください。

A まず、事業者の損害賠償の責任を免除する条項としては、次のものがあります。

①事業者の債務不履行・不法行為・瑕疵担保責任により消費者に生じた損害の全部を免除する条項はすべて無効です。
②事業者の故意・重大な過失による損害賠償責任を免除する条項は、一部の損害の免除であっても無効です。

次に、消費者が支払う損害賠償の額を予定する条項としては、次のものがあります。

③事業者に生ずる平均的な損害を超える過大なキャンセル料を消費者に支払わせる条項は、その過大な部分が無効となります。
④年14・6％を超える遅延損害金を課す条項も、年14・6％を超える部分が無効となります。

最後に、消費者の利益を一方的に害する条項として無効とされる可能性があるのは、次のものなどで

す。

①消費者からの解除・解約の権利を制限する条項
②事業者からの解除・解約の条件を緩和する条項
③消費者の権利の行使期間を制限する条項

ポイント

1　消費者契約法では、一定の場合に事業者と消費者との間で締結された契約が取消・無効とされる。

2　消費者とは、事業者でない個人のことである。

3　事業者が、消費者契約法にいう三つの類型の消費者を誤認させる行為、または二つの類型の消費者を困惑させる行為をして、契約を締結したときは、消費者から契約を取り消される可能性がある。

4　事業者が、①事業者の損害賠償の責任を免除する条項、②消費者が支払う損害賠償の額を予定する条項、③消費者の利益を一方的に害する条項を契約書に記載しても、無効とされる場合がある。

Q3 延滞債権の回収はどうしたらよいか？

当社の取引先数社が手形の不渡りに引っ掛ってしまいました。運転資金がショートしたらしく、当社に対する売掛金支払が遅れていて困っています。何とかうまく回収する方法はないでしょうか。

（製造業社長・45歳）

公正証書の作成

Q 数社の取引先から売掛金を支払ってもらえなくって困っています。

A（弁護士） その取引先は支払える状況にあるのですか？

Q 一社は本業は順調なので、時間をかけて分割払いにすれば何とか回収できそうです。

A それなら分割して確実に支払ってもらう方法があります。まず、その取引先との間の協議で売掛金の残額を確定し、分割弁済の方法について合意します。例えば、一〇〇〇万円の売掛金を毎月一〇〇万円ずつ10回払いにするなどです。この合意を「債務確認・弁済契約」といいます。

Q そうやって決めても、取引先が約束を守らなかったらどうするのですか。

A　その合意を公証人のところへ持ち込んで、「債務確認・弁済契約公正証書」というのを作ってもらいます。ちょっと、お金がかかりますけどね。

Q　そうするとどんなメリットがあるんですか。

A　ふつう強制執行をするためには裁判で判決を取って確定させる、という手続きを取らないといけないのですが、公正証書に「強制執行受諾文言」というものをつけてもらうと、裁判をしなくても強制執行ができるのです。

Q　そうすると、取引先は確実に払ってくれるのですか。

A　その中で「分割金を滞らせたら、期限の利益を喪失する」という約束をしておけば、支払を怠るとすぐに財産を差し押えされてしまいます。それでふつうは一所懸命払おうとするはずですよ。

Q　なるほど。

支払督促の申立

Q　強制執行をするためには、ふつうは裁判をしなければならないのですか。

A　そうです。そういう強制執行の申立ができる効力のある文書を「債務名義」といいます。確定判決とか和解調書とか調停調書などがそれに当たります。

Q　じゃあ裁判をしなくてはならないとすると、時間や手間がかかるんですね。困ったなあ。別の取引先は「裁判でも何でもやって来い」と居直る始末で、分割払いの話をしようにも話にならないんですよ。何かいい方法がありませんかね。

A　そうですね。売掛金の存在や額に争いがなければ、「支払督促の申し立て」という方法が手っ取り早いですよ。

Q なんですか。その「支払督促」というのは。

A 簡易裁判所の書記官という人に、これこれの金額を支払えということを命ずる「支払督促」を出してくれという申立をすると、その通り命令を出してくれるというものです。証拠を出す必要もありません。

Q それは楽ですね。それで強制執行ができるんですか。

A すぐにはできません。二週間のうちに、その取引先から「督促異議」が出なければ「仮執行宣言」の申立をして、「仮執行宣言付支払督促」というのを出してもらう必要があります。

Q そうすると強制執行ができるわけですか。

A まだまだ。さらに二週間のうちに取引先から「督促異議」が出ないと確定して、やっと強制執行ができるわけです。

Q 結構気を持たせるんですね。さっさといかないのですか。

A 債権者だけの言い分で、ただちに強制執行という強力な力を与えるというわけにはいきせん。

Q ところで、取引先が督促異議とやらを出してくるとどうなるんですか。

A そうすると、通常の裁判手続に移ることになります。

Q 結局は裁判じゃないですか。

A いや、必ずそうなるとは限らないですよ。督促異議が出なければ、始めから裁判をやるよりもずっと楽ですよ。

強制執行

Q　ところで、債務名義があると仮定して、強制執行っていうのはどういうものですか。

A　その取引先の不動産とか債権とか動産を差し押える、そして、不動産については競売して換価してその代金から弁済を受ける。債権については直接取り立てることができる、などという形で債権の回収を図る手続きです。

Q　そういえばあの取引先は自社ビルです。それを差し押えればいいんですね。

A　不動産は逃げないから強制執行はしやすい。でも資金繰りがせっぱ詰まっているところはすでに抵当権などの担保に入っていて改修が難しいことが多いですね。そうでなくても、多額の予納金を納めなければならず、不動産に対する強制執行は多額の売掛金を回収する場合に使うのが一般的と言えます。

Q　小口の売掛金の時にはどうするんですか。

A　預金やその取引先の債権（売掛金や預金など）を差し押えるほうが、早くて楽でお金もかかりません。でも、この場合には、その取引先がどの銀行のどの支店に預金しているかとか、どことどんな取引をしているのかがわかっていないと難しいです。

A　それはだいたいわかります。それで払ってくれるんですか。

Q　問題がなければ払ってくれます。問題がある場合というのは、例えば、差し押さえた預金のある銀行に対する債務を負担していると、相殺されて預金が消えてしまうような場合です。でも、差し押えがなされるとその取引先の銀行や取引先に対する信用不安が発生する可能性があり、取引を打ち切られるおそれがあるので、無理して払ってくれるという効果は狙えます。

Q　なるほど、じゃあ、動産の差し押さえはどうですか。

A　価値のある「お宝」があればいいけれど、何しろ動産は「動く財産」です。隠されたらおしまいですよ。

相殺

Q　なかなか一筋縄にはいきませんね。その他にうまい回収方法はないのですか。

A　もし御社が取引先から製造の原材料を購入しているなどで買掛金があるならば、その買掛金と、売掛金を相殺するという方法もあります。

Q　どうやってやるんですか。

A　「対当額で相殺する」という意思表示をするのですが、それをしたことを後日明確にするために内容証明郵便でしておくのがよいでしょう。

ポイント

1　話し合いのできる相手の場合は、債務確認・弁済契約を締結しそれを公正証書にしておく
2　話し合いが難しいときは支払督促の申し立てをする。
3　債務名義を得たら強制執行の申し立てをする。差し押さえの対象財産については諸事情を考慮して検討する。
4　相手方に債務を負担しているときは、相殺ができる場合もある。

Q4 「成年後見」制度について教えて

私の夫は、株式会社を立ち上げ、オーナー社長として会社を発展させてきました。しかし、先日突然倒れ、命はとりとめましたが、以後寝たきりの状態で、社長としての役割を全うできません。これからどのようにすればよいでしょうか。

（会社経営者夫人・70歳）

成年後見制度とは

Q 夫の状態がこのままでは、会社の経営もままなりません。どんな手を打てば良いのかも、わからないのですが。

A （司法書士）社長の判断能力はどのような状態ですか。

Q 簡単な受け答えはできますが、難しいことは理解できません。

A このような場合、「成年後見制度」といって、成年後見人という代理人を選任し、本人の判断能力を補充して本人の保護を図る制度があります。ご主人には成年後見人などを家庭裁判所で選任してもらうのが良いでしょう。

Q それは、どんな制度なのですか？

A　成年後見制度は、判断能力に支障のある者を保護するため、申立により家庭裁判所が判断能力の程度に応じて、後見開始等の審判をし、後見人等を選任し、本人の財産管理・身上看護を行う制度です。判断能力の障害の程度は三つの類型に分けられ、これにより保護の態様も変わります。この表が成年後見制度の概要です。

	後見	**保佐**	**補助**
判断能力の障害の程度	精神上の障害により事理を弁識する能力を欠く常況にある者（例：日常生活品を買うことも一人ではできず誰かにやってもらう必要のある者）	精神上の障害により事理を弁識する能力が著しく不十分なる者（例：日常生活品の買物は一人でできるが、重要な財産行為（不動産の売買など）は一人ではできない程度の者）	精神上の障害により事理を弁識する能力が不十分なる者（例：重要な財産行為（不動産の売買など）も一人でもできるが、危惧があるので、誰かに代わってやってもらった方がよい程度の者）
成年後見の申立ができる者	本人、配偶者、四親等内の親族、未成年後見人、未成年後見監督人、保佐人、保佐監督人、補助人、補助監督人、検察官、市町村長	本人、配偶者、四親等内の親族、後見人、後見監督人、補助人、補助監督人、検察官、市町村長	本人、配偶者、四親等内の親族、後見人、後見監督人、保佐人、保佐監督人、検察官、市町村長
成年後見の申立についての本人の同意	不要	不要	本人の同意を要する

保護する者の名称	保護される者の名称	保護の態様	
		代理権	取消権・同意権・追認権
成年後見人	成年被後見人	本人の行為全般	本人のする又はした行為全般に取消権・追認権がある（ただし、日用品の購入など日常生活に関する行為を除く）
保佐人	被保佐人	請求により家庭裁判所が特定の法律行為につき認める	重要な財産行為に同意権がある、同意を得ないでした行為は取消ができる（ただし、日用品の購入など日常生活に関する行為を除く）
補助人	被補助人	請求により家庭裁判所が特定の法律行為につき認める	請求により家庭裁判所が特定の法律行為につき認める、同意権が認められた行為を同意を得ないでした場合は取消ができる

成年後見人の業務は財産管理・身上看護

Q　成年後見制度はわかりました。でも社長としての業務はどうなりますか。

A　成年後見人は被後見人の財産管理・身上看護を行うだけで、本人に代わって本人の業務を行うわけではありません。

Q　ではどうすればよいのですか。

A　会社代表者は、会社法の規定に従って選任されなければなりません。ご主人が被補佐人または成年被後見人に当たると審判され確立すると、取締役の欠格事由にあたりますから、ご主人は、取締役、代表取締役を退任することになります。

Q　主人が、取締役、代表取締役を退任する場合、会社は、どう対処すればいいのですか。

A　あなたの会社が、非公開会社（詳しくは新法編Q　参照）である場合は、定款及び登記事項証明書で取締役会の設置の有無・取締役の人数並びに代表取締役が誰か、を確認してください。その結果、取締役会設置会社ではなく、法律若しくは定款で定められた取締役の人数が欠けている場合は早急に株主総会で取締役を選任してください。また、代表取締役が欠けている場合は、定款の定めに従って代表取締役を選任してください。

公開会社もしくは、取締役会設置会社の場合は、取締役三名以上及び代表取締役を補充しなければなりません。必要があれば、裁判所に一時的に取締役または代表取締役の選任を請求することもできます。これを仮取締役、仮代表取締役と言います。これらの仮取締役・仮代表取締役は一時的に取締役・代表取締役の業務を行うにすぎませんから、早急に本来の取締役・代表取締役を選任しなければなりません。

Q　主人の成年後見人等の選任は、その後でいいですか。

A　そうですね。早いほうがいいのですが、会社の取締役・代表取締役の補充後、もしくは、同時に進めてください。

Q　わかりました。さっそく手続にかかります。

ポイント

1　判断能力に障害が出たと思ったら成年後見制度の利用を。成年後見人の業務は財産管理・身上看護です。本人の業務を代理することはできません。

2　取締役の員数が定款に定めた最低数または法定数を欠いた場合は、ただちに、取締役を補充すること。

3　成年被後見人、被保佐人は取締役の欠格事由です。

Q5 どうすれば銀行からお金が借りられる？

最近新聞紙上で、金融機関の中小企業融資が増加しているという記事をよく見かけますが、当社に対する銀行の融資姿勢は相変わらず厳しいものがあります。どうしたら銀行から融資を受けられる会社に変われるのでしょうか。

（従業員50名・設備工事業社長・55歳）

財務内容で選別

Q 銀行の融資姿勢はどのように変わってきたのですか。

A（税理士） 長年日本の銀行は土地神話を背景とした不動産担保主義に基づいた融資姿勢をとっていました。ところがバブル崩壊をきっかけとして地価は大幅に下がり続け、不動産担保主義は通用しなくなりました。そこで、新たな融資審査の基準として、１９９５年頃から「企業格付け」が導入されました。

しかしその後も大手都市銀行が経営破綻するなど、日本の金融システム自体が信用不安に陥ったため、１９９８年「金融再生法」が施行され、銀行は不良債権を開示することが義務付けられました。これにより、各銀行は金融検査マニュアルに基づく自己査定を行い、不良債権を区分しなければならなくなったのです。
しかしながら、こうした自己査定は中小企業に対する「貸し渋り」「貸しはがし」などの社会問題を発生させ破綻する企業が続出することになりました。これは大企業も中小企業も同じ基準で評価したため、多くの中小・零細企業が不良債権と評価されたためです。
このことは大きな社会問題となり、2002年「金融検査マニュアル別冊」が制定され、さらに2004年2月『金融検査マニュアル別冊［中小企業融資編］』が公表され今日に至っています。こうして整備された企業格付けの基本的な考え方は、企業の財務データに基づき、利益だけではなく、財務上のバランスやキャッシュフローも重視するというものです。今日、この考え方はメガバンクをはじめ地方銀行、信用金庫、信用組合などすべての金融機関の基本的な考え方となっています。

Q その格付けとはどのようなものですか。

A 銀行は取引先企業の信用リスクを的確に管理する体制を構築するために、企業格付けを行っています。これは企業の内申書のようなもので、最低1年に1回行われています。
具体的には、取引先企業の今後3～5年間の信用力を10項目程度に分類して点数化することにより評価するもので、この格付けを基に銀行はそのリスクに応じた融資の見直しを行っています。

財務評価に大きなウエイト

Q 格付けは、実際のところどのように行われるのですか？

A 財務評価と非財務評価により評価されます。財務評価は取引先企業の決算書を基に、債務返済能力を中心として安全性、収益性、成長性などを評価するもので、この評価が全体評価の6割を占めています。残りが非財務評価で、業種の市場動向や経営環境、経営者の経営能力を評価します。しかしながら、この非財務評価は中小企業の場合、積極的に評価されることはまずないため、決算書の信頼性が低い、資金使途違反がある等の否定的な評価を受けないことがまず肝心です。

こうしてスコアリングされたものに、資産の実態に応じた再評価を行い、実質的な債務超過に陥っていないかをチェックします。その場合不動産はもちろん、社長の個人資産、役員貸付金なども再評価の対象となります。その結果、正常先、要注意先、破綻懸念先、実質破綻先、破綻先という債務者区分に分類されます。

格付けにより融資姿勢に大きな差

Q 格付けにより具体的にどのような影響があるのですか。

A 格付けは融資実行の有無はもちろん、金利水準、担保や保証の水準、審査要件の差、審査プロセスの差などに現れることになります。

銀行の取引スタンスとしては、破綻懸念先以下は不良債権処理を進めて早期に帳簿からの切り放しを図り、要注意先については、メイン行は再生対象として、その他行は早期回収、撤退の方向での取り組みが一般的です。大手銀行の不良債権処理は峠を越えましたが、地方銀行の不良債権処理はまだまだ続くともいわれています。

こうした銀行の融資姿勢の変化に応じて、自社の評価を上げるために早急に体制を整えることが必要です。

バランスシートと営業キャッシュフローの改善が重要

Q 銀行の格付けを上げるために、どんな対応をとればいいのでしょう。

A まずは会社の現状を分析し、経営上の問題点を明らかにする必要があります。決算書が黒字であれば、または担保さえあれば融資を受けられるという時代は終わりました。バランスシートの改善と借入金の返済原資に見合う営業キャッシュフローの確保が必要となります。そのための基本的な方向性は大きく次のように整理することができます。

① 総資産の圧縮
② 有利子負債の圧縮
③ 自己資本の増加
④ 営業利益の増加

スリム化と効率化

Q ポイントをもう少し具体的に教えてください。

A 具体的には次のような取り組みが考えられます。

① 手持ち預金による銀行借入金の返済
② 遊休資産の整理・売却
③ 資産の有効活用
④ 役員借入金の債務免除または現物出資による増資

⑤ 役員報酬の見直し
⑥ 固定経費の削減
いずれにしろ経営上の問題点を改善する、具体的な経営改善計画を立てる必要があります。

月次報告が重要

Q なるほど、よくわかりました。銀行との付き合い方でその他に注意することはありますか。

A まずは、地銀、第二地銀、信用金庫、信用組合といった地域金融機関と取引することです。2005年3月に公表された「地域密着型金融の機能強化の推進に関するアクションプログラム」は、「金融機関が、長期的な取引関係により得られた情報を活用し、対面交渉を含む質の高いコミュニケーションを通じて融資先企業の経営状況等を的確に把握し、これにより中小企業等への金融仲介機能を強化する」としています。中小・零細企業にとっては、小回りの利く地域金融機関との取引にメリットがあります。

また、月次決算（試算表）を持って、業績の報告を定期的に行うことが肝要です。融資を依頼するときばかりでなく、普段からの報告、連絡、相談をきちんと行うことがより重要になります。

ポイント

1 銀行は融資先企業の格付けで選別を行っている
2 格付けにおいてはバランスシートの改善と返済に見合う営業キャッシュフローの確保が重要
3 ポイントは財務リストラと経営の効率化
4 銀行に対する定期的な報告、相談が重要

Q6 雇用・解雇に関するトラブルについて教えて

景気が上向いてきたと言われますが、私の会社のような中小の下請け企業は、まだまだ厳しい状態が続いています。このままでは経営が成り立たないので、やむなく人員整理を考えています。注意しなければならない点を教えてください。

（名古屋在住・55歳・会社経営者）

Q 経費削減のために従業員を解雇したいと思います。気をつける点は何かありますでしょうか？

A（社会保険労務士）。企業にとっても労働者にとっても解雇というのは大変大きな問題です。企業にとっては経営の合理化を図るための解雇や、懲罰としての解雇もあります。労働者にとっての解雇はこれからの生活がかかっている死活問題ですので、解雇の内容や方法によっては訴訟問題に発展し多額の賠償金を請求されるケースもあります。このようなことが起こらないためにも、解雇とは何かをしっかり確認する必要があります。

解雇をするためには、当然のことですが正当な理由というものが必要です。つまり大義名分がなくては労働者も納得しません。

Q それはわかります。難しい問題ですね。

A　一口に解雇と言っても、その内容によって4種類に分けられます。まずは「普通解雇」、これは懲罰的な意味は持たないけれども本人の責任によって解雇されるというものです。「懲戒解雇」は著しく重大な違反を犯した場合に行われる解雇です。通常一番問題が起こりやすいのはこの懲戒解雇です。懲戒解雇がふさわしいが本人に反省が認められるといったような場合には「諭旨解雇」、または退職届を出すように諭し応じた場合には「諭旨退職」となりさらに穏やかな措置となります。そして最後に経営事情等によって行われる整理解雇があります。

このように解雇には複数の種類があり、それぞれの事情にふさわしい方法を選ぶ必要があります。

リストラの方法

Q　今回は整理解雇ということになりますか。具体的にはどのようにすれば良いでしょうか？

A　整理解雇をするには次の4つの要件を満たす必要があります。

①人員整理をすることの必要性

整理解雇をするためには、会社の経営状態が悪化していることが明らかであり、人員整理をしなくては経営回復が難しい状態と認められることが必要です。会社の存続のためにも、どうしても解雇が必要、要は誰から見ても解雇は仕方ないと思える状況が必要なのです。

②解雇回避努力義務

解雇をする前に、希望退職者の募集や出向等の解雇を回避するための最大限の努力を行うことが必要です。解雇を回避するために手を尽くしたけれども、まだ経営回復には程遠く解雇もやむを得ないと思える状況が必要です。

③手続きの妥当性
整理解雇をする際には守るべき手続きがあります。労働組合や労働者に対して、この整理解雇についての詳細な説明が必要です。必要性・方法・時期・対象人数等の説明を行う必要があります。
④対象者選択の合理性
整理解雇の対象となる従業員の選考基準には、合理性と公平性があることが必要です。女性や高齢であるからといった理由には合理性は認められません。

これら4つの用件を遵守し、なおかつ会社の経営状態が整理解雇をしなくては立ち行かないことが明らかである場合のみ整理解雇が正当であると認められるのです。

採用に関する注意点

Q 従業員を解雇するというのはとても大変なことなんですね。逆に採用する際に注意することなどはありますか？

A 基本的に雇入れは簡単ですが、前述したように辞めさせるのはとても難しいのです。採用する際には人材の見極めがとても重要になってきます。そんな採用時のリスクを減らすことのできる助成金があるのをご存知ですか？　試行雇用奨励金と言うのですが、これは文字通り労働者を最長で3カ月間試行雇用する事業主に対して奨励金が支給されるものです。

Q 試行雇用奨励金について詳しく教えてください。

A この試行雇用奨励金の特徴としては、対象者の幅広さが挙げられます。具体的には35歳未満の若年者・45歳以上65歳未満の中高年齢者（離職後一定の期間が経過していること）・母子家庭の母等・障害者・日雇労働者・ホームレスといった方たちが対象になります。職業安定所へあらかじめ求職申し込みを行いその求人票を通して採用することが必要です。

Q いくらくらい給付を受けられるのですか？

A 最長3カ月間、一カ月につき5万円の奨励金が支給されます。この奨励金の一番の特徴は、最長3カ月の試行雇用を行い、正式に採用するかどうかは試行雇用期間満了後に決められる点です。会社に合わなかったり、勤務態度等で疑問を持てば正式採用を見送ることもできます。また、労働者の側から正式採用を断ることもできます。このようにこの奨励金制度は、助成金を受けることができる上に、労使双方が互いに様子を見ることができてその後の採用・勤務がスムーズに行くことを助けてくれます。詳しくは公共職業安定所へお問い合わせください。

時間外に関するトラブル

Q 当社の就業時間は午前9時から午後6時まで。正午から午後1時まで休憩にしています。残業について教えて下さい。

A 現在労働時間は原則休憩時間を除き1週間に40時間まで。1日については休憩時間を除いて8時間までと定められています。基本的にはこれを超過する時間が時間外労働ということになります。例えば、ある一日を6時間にして別の日を10時間労働にしたとしても、週の法定時間には適合しますが一日の労働時間としては2時間分超過しますので時間外手当の支払いが必要となります。（変形労働時間制適用の場合を除く）そして原則午後10時から翌日午前5時までは深夜労働ということでこちらも割り増しが必要になります。法定休日に労働させた場合も割増賃金が発生します。なお、現在特例措置として一定規模未満の一部の業種のみ週に44時間までの労働が認められています。

Q　時間外労働をさせるには何か手続きがあるんですか?

A　時間外労働や休日労働を労働者に行わせる場合には、労使が書面により時間外・休日労働協定（36協定）を締結する必要があります。この協定の内容により、一定期間内での延長時間の限度が定められます。36協定の例外として、特別条項付き36協定というものがあります。これは労使協定をすれば「特別の事情」により、制限されている以上の労働時間使用できるというものです。詳細は労働基準監督署へお確かめください。

サービス残業はリスクが大きい

Q　時間外賃金を払わないとどうなるのでしょうか?

A　時間外賃金の未払いに関しては、現在大変厳しくなっております。賃金不払残業（サービス残業）を行っていることが調査などでわかった場合には、2年前までさかのぼって残業代金を支払うことになる可能性があります。新聞紙上を賑わせていますが、大企業では億単位になる事も珍しくはありません。これは従業員が監督署等へ相談したことにより発覚するケースも多くあります。後々トラブルにならないように、労働した分はしっかり正確に賃金を払うようにしましょう。

安全配慮義務に関するトラブル

Q　社員がうつ病になったのですが、うつ病は最近多いのですか？

A　従業員の方がうつ病になられたそうですが、おっしゃる通り最近は精神障害等になられる方がとても増えています。その増加に伴い、うつ病を含む精神障害等で労災申請を行う例も増え、１９９５年には13件だった精神障害等での申請が、２００４年には５２４件（労災認定１３０件）に増加しています。また労災認定される自殺者も増加しており、２００４年度には45人（未遂も含む）を数えるに至りました。

Q　会社の責任が問われることがあるのでしょうか？

A　まずはうつ病の説明をします。うつ病は全ての意欲の減退・悲観的な思考障害・さまざまな身体症状などが表れる病気です。意欲が減退すれば、当然就業には差し支えるようになります。また、身体にも倦怠感などが出れば就業に差し支えます。

原因はハッキリとはわかっていませんが、ストレスやその人自身の性格に起因するとも言われています。このストレスの原因が会社にある場合に、安全配慮義務違反が問われる可能性があります。安全配慮義務とは、具体的には長時間にわたる残業を常態としていた労働者が、過労などによりうつ病になってしまった場合には会社の使用者責任が問われる可能性があります。

上乗せ保険で労災事故のリスク回避

Q　労災保険の補償給付へ上乗せして給付される保険があると聞きましたが？

A　労災保険は業務上及び通勤途上の災害について給付されます。しかしこの労災保険は、最低限の生活を保障するように設けられた制度であり、慰謝料も給付の対象にはなっておらず支給されません。このように労災保険からだけの給付では、満足な保障をすることができないことも多いのです。
このような給付の不足を補ってくれるものが、「上乗せ労災」と呼ばれる保険です。この保険はいろいろな種類の保険がありますが、基本的には労災保険給付に上乗せして支給されます。例えると、自動車の自賠責保険が労災保険。そして任意保険が上乗せ労災という形になります。労災の認定を待たずに受給できる「傷害保険」と、労災認定されてから支給される「労働災害総合保険」があります。詳しくは損害保険会社（保険代理店等）に問い合わせると良いでしょう。

ポイント

1　解雇は、解雇の種類ごとの方法・手段を守って行う必要がある。
2　解雇者が発生しないように、採用は慎重に行う。試行雇用奨励金は大変効果的。
3　サービス残業への取り締まりは厳しくなっているので、時間外賃金は必ず正しい金額を支給する。
4　会社が従業員の心身の状態把握することも重要。

Q7 建築物の安全性について、どう対処すればいいの？

「耐震偽装問題」など、建物の安全性に大変関心が持たれるようになりました。わたしも、賃貸マンションを数棟所有しています。今あるものについては、どのように対処したらいいのか。また、これから建てるものについては、どこに注意したらいいでしょうか。

（不動産賃貸業社長・50歳）

1981年以降を「新耐震」基準の建物

Q 耐震の基準には、「旧耐震」と「新耐震」があると聞いたのですが。

A（一級建築士）　1981年（昭和56年）6月に法令改正され、耐震建築に関する計算法が変更されました。現在では、これ以降の建物は耐震性があると判断されています。

Q それでは、それ以前の私の賃貸マンションはどのようにすればよいでしょうか。

A 「旧耐震」の建物については、「耐震診断」をお勧めいたします。

Q 耐震診断とは、どのようにするのですか。

A 一級建築士事務所や施工会社などに問い合わせればわかります。準備するものは、当該建物の設計図書、構造計算書などです。確認申請書があればベストです。

耐震診断でなにがわかるか

Q 確認申請書や検査済み書はすべてそろっています。

A それはよかった。それがないと大変面倒なことになりますから。さて、「耐震診断」では、「構造耐震指標（Is値）」と「水平保有体力に係わる指標（q値）」を計算して判定します。判定は表1を参照してください。これでみると、Is値が0.6以上か又はq値は1.0以上が倒壊の危険性は低いことがわかります。

Q それでは、危険性があると出たらどうしたらいいのですか。

A それには、現在の建物を「耐震補強工事」をする必要があります。これは建築主の経営判断でどこまで水準を引き上げるか決めてください。それに従って「耐震補修設計」をします。一般的にどこまで引き上げるかは、これに係わる工事金額や、建物の重要度などで程度を勘案して決めているようです。補強工事を全く

表1

	構造耐震指標（Is値）及び保有水平耐力に係る指標（q値）
（1）	Ｉs＜0.3 または q ＜0.5
（2）	（1）及び（3）以外
（3）	Ｉs≧0.6 または q ≧1.0

	地震の震動や衝撃に対する主要構造部の安全性
（1）	倒壊又は崩壊の危険性が高い
（2）	倒壊又は崩壊の危険性がある
（3）	倒壊又は崩壊の危険性が低い

行わなくても建築主の自由です。

「新耐震」建物はほんとうに安全か

Q　「旧耐震」については理解しました。しかし、最近耐震偽造問題などで、「新耐震」基準の建物についても不安ですが。

A　あなたが信頼された設計事務所、施工会社、確認検査機関などを経て完成した建物であっても、なにが起きるかわからない時代ですから十分理解できます。私の事務所でも、完成した物件の依頼主から問い合わせが多くあります。一般的には、物件ごとに「設計者」「構造計算者」「施工者」「確認検査機関名」を明確にして理解いただいております。

Q　それでも不安な場合は、再チェックなどもあり得ますか。

A　建物を商品として売却された依頼主等のように、私の手を離れてしまっている場合、再チェック依頼が多いです。この場合、有料で、チェック内容を相談しながらケースバイケースでやっています。

Q　そこまでやれば安心でしょう。

A　今回の事件は大変不幸な結果でしたが、本来建築が完成するまでいろいろチェックを受けて完成してきています。悪意がない限り安全な建築ができるはずです。「建築主」「設計者」「施工者」「確認検査機関」が完全に分離していれば本来何の問題も起きないはずです。

建築基準法は最低基準

Q　我が社は、これから建てていきたいと思っています。今後のアドバイスをお願いします。

A　建物の設計は「建築基準法」に従って設計します。「役所」や「民間検査機関」は、基準法に適合しているかどうかを判定して、着工にゴーサインを出すわけです。しかし、この建築基準法は第1条に「最低の基準を定めて……」となっています。つまり、基準法に適合することがイコールよい建築とはいえません、それはひとつの最低判断基準にすぎません。

Q　それでは、最低基準の建物が横行しているのですか。

A　それもまた違うと思います。一つの建物をすべて最低基準のレベルにあわせて設計することのほうがよほど難解な設計です。通常建築主の要望に従って設計していくうち、どうしても基準法の最低基準レベルに抵触しそうなところが出てきます。そこを設計者としては、一つのハードルとして飛び越えるわけです。

Q　それでは、設計者にとって基準法は一番低いハードルなのですね。

A　そうです。そこで建築主は自分の建物の、この事柄をここまでよくしてほしいと、具体的に注文を出すわけです。そのようにして、設計者にハードルを少しずつ上げさせるわけです。

「住宅性能表示制度」

Q　しかし、いちいち素人の建築主がここをこうしてとは注文しにくいです。それにどんな事柄を何処まで引き上げればよいかなどは判断しにくいものです。

A そこで、平成12年4月から「住宅の品質確保の促進等に関する法律」(通称「品確法」)が制定されました。これには3つの柱があります。1、基本構造部の「10年保証」の義務化。2、「指定住宅紛争処理期間」を整備。3、住宅の性能をわかりやすく表示する「住宅性能表示制度」の制定です。この「住宅性能表示制度」は、表2のように10分野のモノサシが用意してあり、それを指定して設計していけば意図したグレードの住宅が確保できるというものです。言うまでもなく、グレードを上げれば上げるほどコストは高くなっていきます。

Q 私が気にしているのは、表2で言うならば1項の「耐震性」です。これをもう少し詳しく説明してください。

A 耐震性には、等級1、等級2、等級3の3段階に分けられます。耐震等級1は建築基準法通りたてた場合。等級2は等級1の1・25倍。等級3は等級1の1・5倍。

Q 基準法通りで不安ならば、その上を目指せばよいのですね。

A そうです。設計士に等級2で依頼すればそのように設計します。また、「確認申請」では、基準法通りの審査しかしません。そのため、等級のどこにあるかは、お墨付きが

表2

1	地震などに対する強さ
2	火災に対する安全性
3	柱や土台などの耐久性
4	配管の取り替えや清掃のしやすさ
5	省エネルギー対策
6	シックハウス対策、換気
7	窓(採光)の面積
8	遮音対策
9	高齢者や障害者への配慮
10	防犯対策

いただけません。そこで、「住宅性能評価機関」で評価を受けます。あくまで、どちらも申請料金がかかります。

Q　申請料を払ってまでの値打ちがあるのですね。

A　「確認検査機関」で「確認」を受けた後に、再度「住宅性能評価機関」で「評価」を受けるのだから、設計図書を第三者機関でダブルチェックを受けるわけです。なおかつ、「住宅性能評価機関」による工事中の現場検査まで行います。メリットは十分だと思います。その上、地震保険などの保険料の割引もあるそうです、この件に関しては保険会社などにお聞きください。

Q　大変よくわかりました、これから賃貸マンションを発注する際に参考にいたします。

ポイント

1　1981年以前は「耐震診断」が必要。
2　「耐震診断」で建物の耐震リスクを知り、必要に応じ耐震工事を検討する。
3　1982年以降は不安であれば構造計算書をチェック
4　建築基準法は最低限の基準、「確認申請」はそのことを「確認」する。
5　「住宅性能表示」は、建築主が建物のグレードを決め第3者機関が認定する制度。

Q8 アスベスト対策をどうしたらよいか？

最近、アスベストの健康被害について、マスコミ報道をがさかんです。「静かなる時限爆弾」などと言われており、少し怖い気がします。我が社は、工場や事務所、従業員宿舎などを所有していますが、今後どのように対処したらよろしいでしょうか。

（製造業社長・57歳）

アスベストとは

Q そもそもアスベストとは、なんですか。

A （一級建築士）。アスベスト（石綿）は、「せきめん」「いしわた」とも言います。天然に産出する「繊維状けい酸塩鉱物の総称です。アスベスト（石綿）は、カナダ、ロシア、南アフリカなどから輸入しています。よく似たもので、ロックウール（岩綿）がありますが、繊維質がアスベストより太く代替製品として使用されているものです。健康被害の報告はありません。

Q 何が危険なのですか。

A アスベスト（石綿）は、繊維質が非常に細かく、吸い込んでも体の内部から排出されにくく、人体の健康に重大な影響を与えます。わかっているだけでも、肺がん、悪性中脾腫、胸膜炎、石綿肺など生死に関わる影響があります。なお、困ったことに、吸い込んでから20年から30年後に症状が出る「静かなる時限爆弾」と呼ばれています。死に至る事例も報告されています。

Q　吸い込んだら危険なのですか。

A　そうです。アスベストが飛び散らずに存在すれば問題はないのですが、製品の劣化とともに空気中に浮遊することが予測されるので、その対策が現在急がれています。

アスベストはどこに使われているか

Q　我が社の建物にも使用されている可能性はありますか。

A　アスベスト問題は、建物以外にも日常の生活機器に使用されています。しかし、圧倒的に建物での使用が量的に多く使用されています。使用材料としては、耐火被覆材や保温断熱材として「吹きつけ」て使用される場合。今ひとつは、建築建材として「製品に混入」させて使用する場合と2種類有ります。

Q　アスベストはどのような場所に使用されていることが多いですか。

A　「吹きつけ材」は、耐火被覆として鉄骨造の柱、梁に直接吹きつけて使用されています。保温断熱材で使用する場合は、屋根や床の裏側や外壁の内側、浴室などの天井などに使用されています。「製品として混入された建材」は、1、屋根の瓦等、2、外壁の外装材、3、セメント系の間仕切り材、4、天井や壁の仕上げ材、5、化粧床材の基材の中に混入しています。しかし、一番危険なのは「吹きつけ材」です。

要調査は昭和55年以前の建物

Q では、どのように見分ければよいのでしょうか。

A それは、専門以外のひとでは判別しにくいのが現状です。従って、専門業者に調査を依頼するか、一級建築士に問い合わせすることです。

Q すぐに調査は難しいので、何か判別する方法はありますか。

A あります。アスベスト使用については、昭和55年（1980年）に原則禁止されています。昭和60年（1985年）に吹き付けアスベストが禁止になりました。つまり、昭和55年以前の建物は要調査です。それ以降の建物でも製品の在庫の関係で使用されている可能性がありますので調査をした方がよいでしょう。昭和60年以降のものはまず大丈夫だと思われます。

Q 建設時期によって可能性がかわるのですか。それではそのところをみればわかりますか。

A アスベストの大半が隠蔽ヵ所ですのでわからないと思います。そこで、所有者が一番先にしていただきたいのが、「確認申請書の製本」または「建築設計図書」を探していただくこと。次に「竣工年度」を確認すること。最後に設計図の中の「仕上げ表」に耐火被覆、保温断熱材が明記してあるか、それがアスベスト製品であるかどうかまでわかれば最高です。

調査方法は？

Q 昭和50年新築した鉄骨造の工場と事務所は危険ですね。

A 可能性はあります。あくまで設計図書をよく調べてから判断してください。一般的には、工場は耐火被覆まで求められないケースが多く、事務所もある一定規模の範囲で耐火被覆が必要となるため、小さい事務所は耐火被覆していないケースが多いようです。

Q やはり、専門家に委託したほうが良さそうですね。調査にはどれくらい費用がかかりますか。

A そのほうがよいと思います。調査には、1、有無の図面調査。2現場で劣化度調査。3、専門機関で検体調査。費用としては10万円もあればできると思いますが、あくまでもケースバイケースです。

Q 調査費はそんなにかかりませんね、それではもしその調査の結果、アスベストが存在するとなったらどのようになりますか。またすぐ撤去しなければいけませんか。

A 「混入されたアスベスト建材」であれば、それほどの緊急性を感じませんが、早めに交換した方がよいでしょう。ところが、「吹きつけのアスベスト材」であれば飛散の可能性が極めて高く、特に30年以上を経過しておれば劣化度も高い可能性があるので緊急に対策しなければなりません。

処理方法は?

Q もし、そのようであれば大変なことになりますね。どのように対策するのですか、また費用はどれくらいかかりますか。

A アスベスト対策には3つの方法があります。1、「除去処理」＝アスベストが飛散しないように、現場を囲い養生し、丁寧に取り除きます。費用は平米あたり10万～20万円程度。2、「封じ込め処理」＝アスベストにアスベスト封じ込め材を吹き付けて飛散を防止する。費用は平米あたり1万5000円～3万円程度。3、「囲い込み処理」＝アスベストを他の建材で囲い込んで飛散を防止する、費用は1万5000円～5万円程度。あくまで費用は目安です。規模や建物によりかなりの変動が出ます。

Q だいたいのことはわかりました。撤去に対して補助制度はありますか。

A 撤去費の補助制度は聞いたことはまだありませんが、融資制度は各自治体で用意しているようですので地元自治体と相談してみてください。

ポイント

1 昭和55年以前は要調査（使用している）

2 「アスベスト吹き付け材」の使用箇所、鉄骨造の柱、梁（耐火被覆）。屋根や床の裏側（保温、断熱偉材）

3 「アスベスト製品」の使用箇所、「屋根の瓦等」「外壁の外装材」「セメント系の間仕切り材」「天井壁の仕上材」「化粧床材の基材」

4 調査方法は、「有無図面調査」「現場で劣化度調査」「専門機関で検体調査」

5 処理方法は、「除去処理」「封じ込め処理」「囲い込み処理」

Q9 「定年引上げ」にどう対処すればいいの？

知り合いの経営者から「今後、定年が引き上げになるので大変だ」という話を聞きました。たいへん大きな問題と思うのですが、いったいどのような変化があるのでしょう。

（名古屋在住・48歳・会社経営者）

継続雇用制度導入の義務化

Q いわゆる「定年の引上げ」で、従業員を65歳まで雇用しなくてはいけなくなると聞いたのですが。

A （社会保険労務士）そうです、高年齢者を労働力として活用する必要性から高年齢者雇用安定法が改正されました。現在我が国では少子高齢化が予想以上の速度で進んでおり、今後の労働人口減少が心配されております。こうした状況の中で、今後も労働力を確保し経済力を維持するには、今までは退職して労働力としては戦力外となっていた高年齢者に活躍してもらうことが不可欠です。豊富な知識と経験を有した高年齢者は企業にとっても非常に重要な戦力になるはずですし、働く意志と意欲を持った高齢者の方は大変多いのが現状です。

Q どんな改正がされたのでしょうか？

A　改正の主な内容としては最終的に65歳までの定年の引き上げ、継続雇用制度導入の義務化が平成18年4月1日より施行されます。これにより、企業は65歳までの安定した雇用を確保するための措置を講じなくてはなりません。ただし、現在の60歳から一気に65歳に引上げるのではなく、平成25年4月1日まで段階的に引き上げられます。

Q　なぜ今の時期にこのような改正を?

A　65歳までの安定した雇用を義務づける背景には、年金の支給開始年齢が段階的に引き上げられ、最終的には65歳からの支給になることも関係しています。従来通りの60歳定年では、年金支給までに5年間の空白期間が生じてしまいます。この空白期間をなくすために、65歳までの安定した雇用を確保する措置を講じる必要が生じたのです。

会社に適した制度の導入

Q　60歳定年の当社はどのような対応をすれば良いでしょうか?

A　御社では60歳定年を定めているそうですが、現在のスケジュールでは平成18年4月1日までには62歳までの安定した雇用を確保する措置を講じなくてはいけません。この安定した雇用を確保する措置には次の3通りの方法が考えられます。

まずは定年の定めの廃止です。これは文字通り定年制を廃止して、労働者が希望する年齢まで雇用し続けるというものです。高年齢者の雇用確保という面では理想的ではありますが、企業の経営にとっては大変リスクも大きいといえるでしょう。なぜならば能力・体力的に不安のある労働者を本人に労働の意志がある限り雇い続けなくてはなりません。

Q　これはちょっと難しいですね。他には？

A　次は定年年齢の引上げです。現在60歳定年と言うことですが、これをスケジュールに沿って最終的には平成25年4月1日までに65歳に引き上げる方法です。これは定年年齢の引上げですので、労働者は全員が無条件で65歳までの雇用が約束されます。この定年年齢の引き上げも、定年の定めほどではないにしても同様のリスクを負うことになります。

Q　全員無条件はやはり難しいなぁ。まだありますか？

A　そして3つ目ですが、継続雇用制度の導入という方法があります。定年の廃止や定年年齢の引き上げは、該当者全員を希望する間、もしくは引き上げた定年年齢まで雇用し続ける必要があります。これは、労働者にとっても60歳で退職しても良いと思っている方もいるはずで、これらの方たちまで無条件で引き上げた年齢まで雇用し続けるのは合理的ではありません。一方、継続雇用制度の導入の場合では、労使協定で継続雇用制度の対象者に係る基準を設けることにより、継続雇用する対象者を限定することができるので、企業が必要な人材のみを継続して雇用することができます。

Q　これなら当社でも採用できそうです。どうすれば良いでしょうか？

A　この継続雇用制度には勤務延長制度と再雇用制度の2種類があります。まず勤務延長制度はその名の通り、継続雇用を希望する従業員を定年年齢を超えて勤務を延長して雇用する制度です。この場合では賃金・役職といった一部の内容を除いては従来の勤務条件を引き継いで労働します。再雇用制度は、一度定年年齢において退職をし、その後再度雇用される形態をとっています。この場合は、雇用形態の見直しや賃金の引き下げといった労働条件の見直しが可能になります。このように継続雇用制度の導入では、必要な人材をそれまでより少ない賃金で雇うことができるのです。

どのような基準を設けるか

Q　基準を設けることができるということですが、具体的にはどのような基準を設ければ良いのでしょうか？

A　この継続雇用制度の対象に係る基準に関しましては、その基準が労使協定で定められた場合でも、その内容が高年齢者雇用安定法の改正の趣旨や、各種労働法規に反するもの、公序良俗に反するものは認められません。具体的かつ客観的な基準を設けることが必要なのです。どうすれば定年後も継続して雇われるのか、なぜ自分が選ばれなかったのかがはっきりわかる基準を設けなければならないのです。労働者としても、60歳以降も働きたければ、労使協定で定めた基準を見ていっそう努力するようになるのではないでしょうか。

Q　会社としては、働く意欲があり勤務態度が優秀な者を優先的に採用したいのですが。

A　働く意欲と勤務態度を重視したいとのことですね。この場合では本人に定年退職後も働く意志があるかを確認し、その働く意志を会社が適当であると認めること。また勤務態度に関しては、人事考課や賞与査定等を選考基準にするといった基準を設けると良いでしょう。その他にも体力や健康を基準にしたり、能力・経験・技能等を基準に定める方法もあります。詳しくは職業安定所等にパンフレットがありますのでご覧ください。

Q　今のお話をうかがい、65歳までの継続雇用制度を導入しようと思います。どのような手続きを取ればいいでしょうか？

A　労働者の過半数で組織する労働組合、そのような労働組合がない場合は労働者の過半数を代表する者と協議を行い、労使協定として継続雇用制度の対象者に係る基準を定める必要があります。

Q　従業員も生活がかかっているだけに、協定結ぶのも苦労しそうですね。

A　基準の設定は大変複雑になることが多く、労使間で利害が異なりますので労使協議は紛糾する場合が多くなるでしょう。このように労使による協議が努力したにもかかわらずに締結できない場合は、経過措置として従業員３００人以上の大企業は平成21年３月31日まで、それ未満の中小企業は平成23年３月31日までは就業規則等に記載することにより、継続雇用制度対象者にかかる基準を定めることができます。

助成金を有効活用する

Q　なるほど、それなら大丈夫ですね。行政の支援はありますか?

A　継続雇用制度導入に対する助成金がありますよ。「継続雇用定着促進助成金」というのですが、これは就業規則等により61歳以上への定年延長か希望者全員を65歳以上の年齢まで雇用する継続雇用制度を導入することによって受給できる可能性があります。

Q　当社でも該当するかもしれませんね。どのくらい受給できるのでしょうか?

A　受給金額は導入する制度と会社の規模によってさまざまですが、御社の規模と導入する制度ですと60万円を５年間受けることが出来ます。もし65歳への定年延長を行ったとすると90万円を５年間受けられます。ただし、条件は前述の他にも様々ありますので、詳しくは高齢者雇用開発協会へお問い合わせください。

ポイント

1 平成18年4月1日から継続雇用制度導入が義務化される。
2 それぞれの企業に適した制度の導入が大切。
3 基準の選定は具体的かつ客観的に。従業員の士気にも影響します。
4 条件さえ満たせば助成金の受給も可能。

Q10 事業承継対策に「金庫株」を活用したい

私が将来亡くなると、長男、長女、次女が会社の株式を遺産として取得することになります。長男が会社経営の後継者であり、娘たちは、株式より金銭での相続を希望しています。何か良い事業承継対策を教えてください。

（従業員30名の製造業社長・58歳）

金庫株

Q 相続財産のほとんどが自社株なのですが、長男には娘たちの株を買い取る資金はないのです。どうすれば良いでしょうね。

A（税理士）今回のケースでは、姉妹の持つ株式を一時的に会社が取得して、換金化する方法が良いのではないでしょうか。株式を公開していない会社の自社株は換金性に乏しく、遺産分割協議時に、また相続税の納税資金対策上、非常に大きな問題となるのが通常でしたが、平成13年10月1日に施行された改正商法により、自己株式の取得、保有が原則として自由になり、この流れは平成18年5月1日施行の会社法において更に拡充されました。取得の目的、期間、数量に関係なく、取得し保有する（金庫に保管）ことができることになったのです。これを一般的に「金庫株」と呼んでいます。この金庫株の解禁により、会社が相続人から、株式を買い受けることができるようになりました。会社が継承者以外の自社株相続人から金庫株を買い受けることで、継承者にとっては資金負担なく、また継承者以外の株主にとっては相続後にいつでも換金化できます。継承者は、資金力がついた段階で自社株を買い受けることにより株式の分散を防ぐことができ、さらに将来の事業継承をスムーズに行うことが可能となります。

計画的な自社株対策が必要

Q 運転資金を確保する点からも、なるべく低い価額で金庫株を買い取りたいのですが、どのような対策を行うことができますか。

A 金庫株の売買については、税務上適正な時価で行うことが必要ですが、適正な時価を引き下げる対策を行い、その後に金庫株の売買を行う対策を考えます。

この適正な時価の算定は、財産評価基本通達に従いますが、今回のケースのように株を譲渡する個人がオーナーの親族である場合には、類似業種比準価額（取引相場のない株式について、上場している類似の会社の株価と比較して算出された価額）と純資産価額を併用した価額と純資産価額と比較していずれか低い価額で評価することになります。つまり類似業種比準価額と純資産価額の引き下げ対策を行うことが必要です。

Q でも、どうやって株価の引き下げができるんですか？

A 類似業種比準価額は、類似業種から選定した標準的な上場株式の評価から、比較のための基準となる、配当、利益、純資産価額を使って算定します。したがって、一株あたりの評価額を下げるには、配当、利益、純資産の数値を引き下げることが必要となります。具体的な引き下げ方法としては、二年連続無配当とする方法、普通配当を減らし特別配当や記念配当を増やす方法、退職金を支払う方法、生命保険や損害保険を利用した節税手法の利用、在庫や固定資産の減耗損や除却損を計上する方法、不良債権の償却、役員報酬の改定、さらに、高収益部門を切り放す会社分割等の手法を検討することになります。その他、償却方法の変更、棚卸の評価方法の変更等会計方針の変更によって利益を抑えることや、含み損を持つ投資有価証券やゴルフ会員権の売却も評価引き下げ対策として有効です。また、このような利益の引き下げ対策は、純資産価額の引き下げにも有効です。

金庫株取得の留意点

Q 会社が金庫株を買い受けるに当たって、会社法上の規定があれば教えてください。

A 平成13年改正前の商法では、相続人からの株式の買受けの場合、相続開始後一年以内で発行済株式総数の20％以内に制限されていました。改正商法及び新会社法では期限の制限や数量の制限は撤廃されています。ただし、新会社法は会社債権者保護の観点より、資本充実・維持の原則に基づき、金銭配当、減資、金庫株の取得等の行為に対し統一的な財源規制をかけています。具体的にはこれらの行為により株主に交付する金銭の総額は、その行為が効力を生ずる日における剰余金の分配可能額の範囲内と定められています。また、株式公開会社の場合、買い受けは原則として株主総会の普通決議でたりますが、株式非公開会社（定款で株式譲渡制限が規定されている会社）の場合は、特定株主からの有償取得については株主総会の特別決議が必要となります。

相続税の納税資金対策として改正優遇税制の適用

Q 相続した自社株を発行会社に売却した場合、税務上の取り扱いはどのようになるのでしょうか。

A 同族会社や非上場会社のオーナー個人などが自社株を発行会社に譲渡する場合、みなし配当と株式譲渡所得の課税関係が発生します。すなわち、オーナー個人の自社株式の売却価額が、資本等の金額を超える場合、みなし配当があったものとして配当課税（給与所得等の他の所得と合算して総合課税）が行われ、また、売却した株式に対応する資本等の金額と取得価額との差額に株式譲渡所得課税（申告分離課税）が行われます。ただし、オーナー所有の株式はほとんど取得価額と資本等の金額は等しいので、従来の税制では最高税率50％となるみなし配当課税が行われました。

しかしながら、平成16年4月以降の非上場株式の譲渡については改正されています。すなわち、平成16年4月1日以後の相続等により取得した非上場株式をその相続等があった日の翌日からその相続税の申告書の提出期限の翌日以後3年以内に株式発行会社に譲渡した場合、みなし配当課税は行われず、譲渡所得課税のみが行われることになりました。さらに、この改正で「相続財産を譲渡した場合の取得費加算の特例」を適用できることになりました。また、税率が26％（所得税20％、住民税6％）から20％（所得税15％、住民税5％）に引き下げられ、有利に納税資金が確保できるようになりました。金庫株の制度を利用することにより、会社の後継者は、資金負担なく株式を一時的に安全な場所に保管できることから、事業継承がスムーズに行えるばかりでなく、納税資金対策が可能となりました。

Q 今回の会社法改正により、株主不平等が定款の定めにより自由にできるようになったと聞いていますが、この改正を事業承継に利用することはできますか。

A 株式譲渡制限会社においては、株主平等の原則の例外として、剰余金の配当、残余財産の分配、株主総会における議決権に関し、定款において株主ごとに異なる取扱いを行う旨を定めることができるとされました。具体的には取得請求権付株式、取得条項付株式、売渡請求権付株式等を発行し、相続人から自社株を買取れる状況を整備しておくといった活用方法が考えられます。あなたの会社に合った事業承継の進め方を専門家を交えて検討してみてください。

ポイント

1 平成13年施行の改正商法以降は金庫株が解禁されました。
2 金庫株を活用した事業承継対策は有用ですが、計画的な自社株対策が不可欠です。
3 相続税の納税資金対策として、金庫株の譲渡に関する改正優遇税制の適用が有用です。
4 会社法改正により拡大した種類株式の活用も検討のひとつです。

Q 11 個人情報保護法への対策はどうすればいいの？

当社は創業30年、主に贈答品の販売をしています。従業員は20名程で3店舗を展開し、インターネットのホームページでも受注販売をしています。最近、個人情報漏洩事件がマスコミ等で取りざたされ、当社は特に関係ないと思っておりますが、知っておくべきことをわかりやすく教えてください。

（62歳・会社経営者）

個人情報とは

Q そもそも個人情報って何ですか？

A （行政書士） 氏名・住所・電話番号はわかると思いますが、映像や個人を特定できるメールアドレスも個人情報です。詳しくは次ページの表をご覧ください。

Q なるほど、当社なら、顧客名簿と名刺くらいかな。

A ちょっと待ってください、これはほんの一例で、例えば、従業員さんの情報も個人情報です。顧客だけではないのです。保有可能性があるのは、従業員さんの人事査定・賃金査定、履歴書、採用のために取得した履歴書なども保有個人情報になります。

Q そうなんですか。そう考えるとうちのような会社でもけっこう個人情報を保有してるんですね。

A　事業をやっていると知らず知らずのうちに個人情報を蓄積しているのが実情です。

個人情報保護法

Q　ところで、最近個人情報にうるさくなったのはなぜでしょうか?

A　その理由の一つとして個人情報の価値が増大したことがあげられます。個人情報は企業にとっては財産だと考えられています。ダイレクトはがき・メール、電話営業などに活用できます。しかし、受け取る側は大変です。毎日何通もハガキが送られてきたり、知らないところからメールや電話がかかってきたり。もう一つの理由は、個人情報が犯罪に利用されるようになったからです。家族構成を知っている人間によるオレオレ詐欺、悪徳訪問販売、空き巣など。いずれも個人情報を得た上で、実行し、成功率を上げています。

Q　そういえば、平成17年4月に個人情報保護法が施行されたそうですね。

個人情報の種類

	対　象	対象外
名　簿	氏名のほか住所や職業などを掲載したもの	住所、氏名、電話番号だけで構成する市販の電話帳
名　刺	50音順など体系的に整理されたもの	他人がわからない独自の方法で分類した場合
メールアドレス	Keizai-ichiro@meti.go.jpなど所属機関と名前がわかるもの	abc@meti.go.jpなど個人を特定できない場合
映　像	防犯カメラの映像などで本人が識別できるもの	画像が不鮮明などで本人が識別できない場合
アンケートの回答用紙	住所や氏名などに基づいて分類したもの	未整理で、まったく分類していない場合

A 対象は過去6カ月以内に5000件を保有したことのある事業者で、次の表のような義務が課せられ、違反すると罰則もあります。

個人情報保護法のポイント

■利用目的をできるかぎり特定しなければならない（15条）
■利用目的の達成に必要な範囲を超えて取り扱わない（16条）
■偽り、その他不正の手段により取得してはならない（17条）
□個人情報を取得した場合は、あらかじめその利用目的を公表している場合を除き、速やかに、その利用目的を本人に通知し、又は、公表しなければならない。（18条）
□正確かつ最新の内容に保つよう努めなければならない（19条）
□安全管理のため必要な措置を講じなければならない（20条）
□あらかじめ本人の同意を得ないで個人データを第三者に提供してはならない。（23条）

中小企業は関係ない？

Q たぶんうちは関係ないですね。5000件もないですから。

A いいえ、そうではありません。法律には委託先の監督（21・22条）が義務づけられています。あなたの会社が委託先となり、個人情報を漏洩した場合、委託元（対象事業者）が監督義務違反に問われ罰則を課せられることになります。ですから、例えばデパートから委託を受けて発送先名簿を預かり、それを紛失・盗難により外部に漏洩した場合がこれにあたります。委託先の選定基準に、個人情報保護体制の有無がとりいれられる傾向にあります。事実、地方自治体によっては入札参加条件になっているところもあります。

Q でも、是正勧告・命令、罰金も小額で大したことないでしょう。

A それは行政罰でしかありません。しかし民事上の損害賠償請求や企業イメージ（信用）のダウンは計り知れませんよ。

Q 具体的には、どういうことですか？

A 個人情報漏洩事件の判例では1人あたり1万円から1万5000円が賠償額とされています。たかが1万円といっても、集団訴訟をおこされ1000人から賠償請求された場合は、1000万円です。これは大げさとしても、企業イメージ（信用）ダウンの回復にかかる費用は、多大です。全員へのおわびハガキ・おわび商品券500円の送付をするだけでも多額の費用がかかります。漏洩した委託先にはもちろん、賠償請求が来るでしょう。

Q ちょっと怖くなってきましたが、ではどうすればいいのでしょうか？

A 安全管理体制を整えることですね。下表を参考に自社でできることはやるべきでしょう。その上で、プライバシーマークという認定を取得するといいでしょう。プライバシーマークとは、財団法人日本情

安全管理措置の例

◆組織体制の整備
規程等の整備と規程等に従った運用、個人データ取扱台帳の整備、評価、見直し及び改善、事故または違反への対処など。

◆人的安全管理措置
従業者に対する、契約の締結や、教育・訓練などの措置。

◆物理的安全管理措置
入退館（室）の管理、個人データの盗難の防止対策、機器・装置等の物理的な保護などの措置。

◆技術的安全管理措置
アクセスにおける識別と認証、アクセス権限の管理、アクセスの記録、情報システムに対する不正ソフトウェア対策、移送・通信時の対策、情報システムの動作確認、情報システムの監視など。

報処理開発協会が運営し、個人情報保護認定企業に与えられるＪＩＳマークに該当するものです。

ポイント

1　自社の保有する個人情報の種類・件数を把握する。
2　委託契約書にはしっかり個人情報の取り扱いを規定する。
3　委託先に選定されるために安全管理体制を整える。
4　個人情報保護法対象事業者の要件は厳格になりつつあります。地方自治体の条例、政令の制定に注意すること。
5　盗難・紛失・従業員の持ち出し、売り渡し等、個人情報の流出リスクは人的なものが主原因です。

Q13 中小企業を再生させる機関はあるの？

ここ数年新規に出店した店舗が競争の激化もあり、業績が低迷しています。同業者の中には民事再生法を申請した会社もありますが、法的手続き以外に企業を再生する方法はないのでしょうか

（飲食業　従業員80人　社歴15年）

再生支援機関が多様化

Q　大手企業が産業再生機構により再生する話を聞きますが、中小企業の再生を支援する機関はあるのでしょうか。

A（税理士）　ここ数年の企業倒産動向を分析すると、販売不振によるものが全体の半数を占めています。不景気・デフレに伴う構造不況を原因とする企業破綻の増加は、一方で再生に取り組む多様な支援機関を生み出しています。この間、銀行の企業再生部門、整理回収機構（ＲＣＣ）の企業再生機能拡充、中小企業再生支援協議会、地域中小企業再生ファンド、企業再生専門会社などが中小企業再生を手がけてきています。

経営相談から可能

Q 当社には管理部門がなく、社内には店舗の立て直しを含め、どうしたらいいのか検討できる人材がいません。どこかそんな相談に応じてくれるところはないでしょうか。

A あなたが心配することはほとんどの中小企業に共通する悩みです。ほとんどの中小企業は銀行からの融資に依存し、資金的な余裕もなく、経営を再建するための知識や人材にも恵まれていません。こうした中小企業の抱える問題に対処しながら企業再生を進めるため、産業活力再生特別措置法に基づき全国47都道府県に中小企業再生支援協議会が設立されました。中小企業再生支援協議会は、必要に応じて中小企業診断士・税理士・会計士・技術士等の専門家を交えて個別チームを編成し、再生計画の策定及び実行を支援し、また関係金融機関の利害調整を果たす機能を持っています。平成18年3月末現在全国で894社の再生計画の策定が完了し、477社が計画策定中と公表されており、協議会の立ち上げ以来の相談件数も8859件に達しています。

なんでも相談ホットライン

Q その中小企業再生支援協議会はどこにあるのですか。

A 中小企業再生支援協議会は、おおむね各都道府県の商工会議所に設置されており、その一覧表は中小企業庁のホームページ（http://www.chusho.meti.go.jp）に掲載されています。また、なんでも相談ホットライン（0570-009111）も開設されています。

守秘義務厳守

Q そこに相談する場合、取引先に知られてはまずいのですが…。

A 民事再生法は、従来の倒産法制の中核をなす会社更生法と和議法の欠点を補いなたら、それぞれの長所を活かす法体系となっています。その手続きの概要を説明しますと、裁判所に対する民事再生開始の申立に基づき、裁判所から選任された監督委員が、債権者から届出られた再生債権を調査し、再建の可否を判断したうえで再生計画を作成し、監督委員の監督下で再生を進めるということになります。これに対して、中小企業再生支援協議会による再生は、企業の抱えている問題点を整理し、問題が軽微な場合は商工会議所や自治体などの支援機関を紹介し、再生の見込みがある案件については再生計画の策定支援を行い、再生の可能性がない場合は法的整理を勧めるという流れになります。当然のことながら守秘義務厳守で行われ、外部に相談内容が漏れることはありません。

早めの相談が肝心

Q 再生支援協議会には、誰でも気軽に相談できるのですか。

A 支援対象となる方は、過剰債務により経営状況が悪化しているが、財務や事業の見直しなどにより再生が可能な中小企業者であれば、誰でも相談を受けることができます。再生計画の策定が完了した案件の半数以上が売上高10億円以下の中小企業であり、従業員数2名の零細企業から1770名の中堅企業まで多様であることが公表されています。

再生が可能かどうか判断できない場合も専門家により、財務や事業の見直しが可能か否かを相談することができますので、一人で悩まずに、状況が深刻になる前に早めに相談することが肝心です。

Q どんな相談資料を準備すればいいのでしょうか。

A 一般的には直近3期分の決算書・税務申告書、会社概要、金融機関借入金の明細、組織図、不動産登記簿謄本などですが、営業店舗が複数ある場合には、各店舗の部門損益計算書などが追加で必要になることがあります。

Q そのほかの支援機関についてはどうですか。

A 整理回収機構（RCC）は従来から、金融機関の不良債権を買い取り、再生を進めてきましたが、新たに債務者及び主要金融債権者からの要請に基づいて、金融債権者間の調整を行う機能が拡充されています。

また、独立行政法人中小企業基盤整備機構が出資する地域中小企業再生ファンドも、大分、静岡、茨城、栃木、島根・鳥取、高知、愛知、愛媛、埼玉、沖縄、千葉、大阪の12地域において設立され、再生スキームの選択肢が拡充してきています。

再生円滑化のための税制改正

Q 金融機関から債権放棄を受けた場合、債務免除益に法人税が課税されるため、そのことがネックとなって再生が進まないとも聞きますが、今はどうなっていますか。

A 確かにそういう問題がありました。そのため平成17年度税制改正により、迅速な企業再生を支援する観点から、表のように民事再生法等の法的整理以外でも、これに準ずる一定の要件を満たす私的整理

◆企業再生の円滑化を図るための税制措置（平成17年度税制改正）

迅速な企業再生を支援する観点から、民事再生法等の法的整理に加え、これに準ずる一定の要件（※1）を満たす私的整理において債務免除が行われた際、評価損の損金算入（※2）及び期限切れ欠損金の優先利用を認める。

【改正概要】

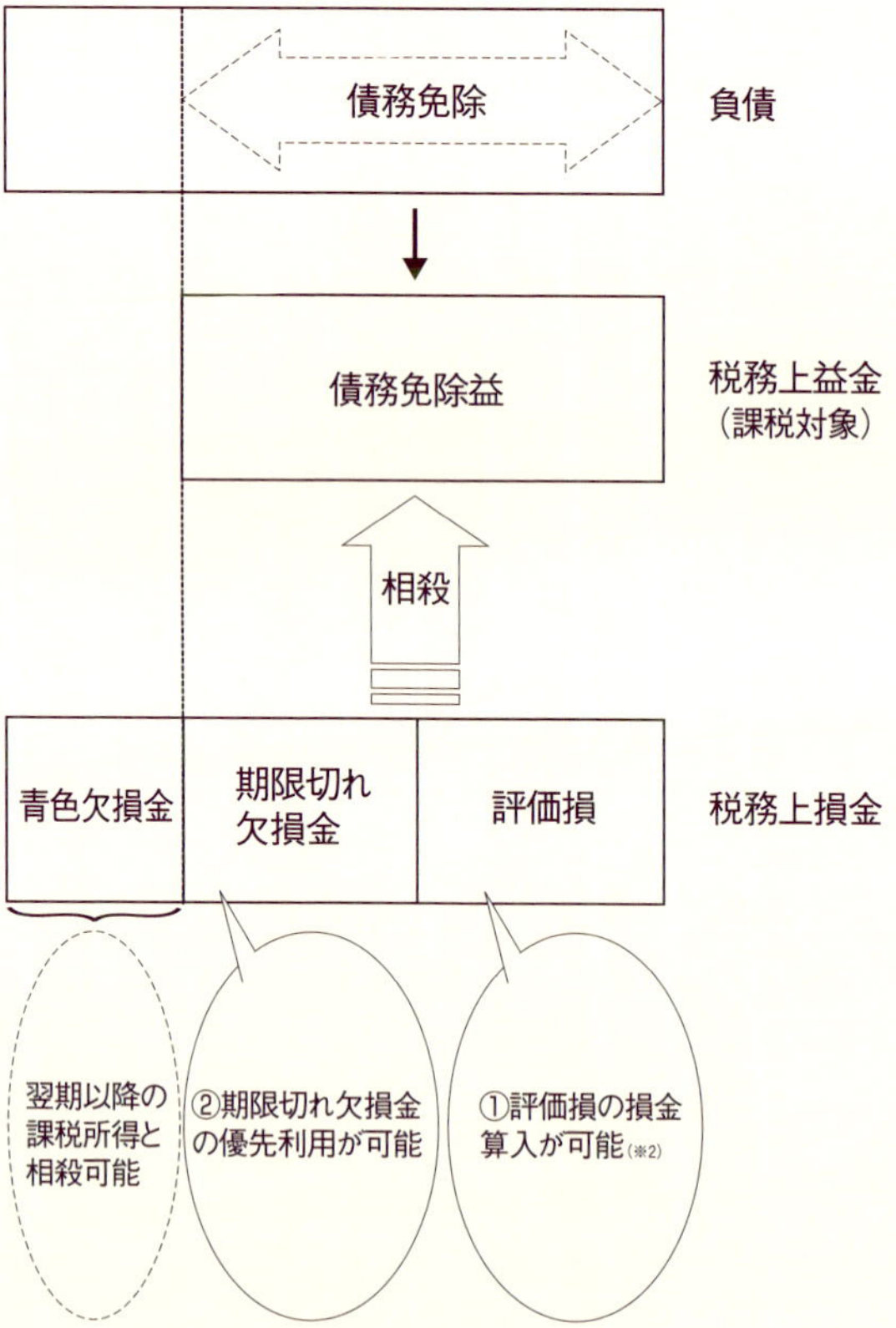

※青色欠損金･･･通常所得と相殺可能な７年分の繰越欠損金
期限切れ欠損金･･･通常所得との相殺期限（７年間）が切れた欠損金

【効果】

○債務免除益と評価損・期限切れ欠損金の相殺が可能。
○資産売却による損の実現を待たずとも評価損の計上が出来るため、迅速な事業再生が可能。
○再建期間中に発生する所得と相殺可能な青色欠損金を温存することで、再建期間中の課税負担を抑え、早期の事業再生が可能。

において債務免除が行われた場合、資産評価損の損金算入と期限切れ欠損金の優先利用が認められ、迅速な企業再生が可能となりました。

※1「一定の要件」とは以下のとおり
①一般に公表された債務処理の準則に従って計画が策定されていること
②公正な価額による資産評価が行われ、その評価に基づき貸借対照表が作成されていること
③②で作成した貸借対照表、当該計画における損益の見込み等に基づいて債務免除額が決定されていること④2以上の金融機関による債権放棄が行われていること（政府系金融機関、整理回収機構が放棄を行う場合には単独でも可）（①～③については第三者機関等の確認を得ているものに限る）

※2　評価益がある場合には併せて計上し益金算入。

ポイント

1　中小企業再生支援協議会の活用
2　早めの相談が肝心
3　外部に相談内容が漏れない
4　再生支援の税制措置が利用可能

座談会 2

社外ブレーンとして専門家を活用する〈その2〉

経営に活かすつきあい方は

税理士　これまで経営者の方は、何かあった時に後処理を私たち専門家に依頼するというケースが大半でした。事業経営そのものに税理士が関わるということはあまりなかった。それが今は事業経営に参画していける専門的な資格を持った人が求められてきています。しかし専門的知識を持っているからといって何でもできるわけではありません。税理士業界も、税務相談も行える大手の税理士事務所と個人商店の帳簿整理や後処理が中心のような事務所に二極分化しています。そうした中で専門特化して大手の事務所ではなかなかできない特定の業種の税務を掘り下げるところもあります。

私のところは医療機関や介護事務所を多く手掛けています。専門は税務ですが、相談内容の多くは税務以外のことです。

社会保険労務士　社労士へ依頼してくる企業はまだまだ少ないですね。クライアントも、内容を重視する経営者と値段が安ければいいという経営者に二極分化しています。我々の仕事は書類づくりだけで、経営に関する相談は弁護士や税理士、中小企業診断士へという認識がまだまだ大半です。しかし最近はいろいろな相談ができるのなら、ある程度の報酬を支払ってもいいという方もいます。

税理士　しかし経営というのは基本的に人の問題ですからね。中小企業で人の問題を解決できれば、経営は半分以上うまくいくはずですよ。

司法書士　人材の獲得は労働条件や仕事の魅力に関わってきます。そのためには必要な知識と体制を時間をかけて作っていかなければなりません。それができて初めて生き残れる中小企業になれるのです。社労士がやるべきことは、むしろこれからの時代、もっと重要になってくるのではないのでしょうか。

一級建築士　今の若い人たちはいくつもの企業を

回り、比較し自分にとって魅力的な企業を選びます。その中の魅力の一つが労働条件などが整っている会社ですよ。いい人材を確保しようと思えば会社の体制が大事なのです。

社労士　中小企業経営者は、みな自分の会社を良くしたいと考えています。私たち社労士の役割は、最初に中小企業を良くするための雇用体制の作り方を提示して、そのためのルールに近づけるテクニックを伝授することなのです。

不動産鑑定士　私たちの仕事の大半は官公庁がらみです。私の事務所で多いのは競売不動産の紹介依頼など裁判所からの仕事です。中小企業経営者との関わりでは代表者と会社が所有し、権利関係が錯綜している土地・建物の交換で、次の代のために適正な評価をすることです。こうした仕事は金融機関、税理士さんなどからの紹介が多いですね。

土地家屋調査士　たとえば固定資産税評価額がおかしいと思った時にも相談に乗りますということを、もっと知ってくれるといいのでしょうね。固定資産税には不動産鑑定が必ず関係します。元になる不動産や株価の適正価格がわからなければ本当の意味での適正な課税はできません。ですから適正価格の把握は会社の社会的評価と直結します。ところで鑑定料は高いのですか。

不動産鑑定士　鑑定料は簡易鑑定か本鑑定かによって変わり、鑑定結果をどのように使うのかによって選択ができます。鑑定によって資産評価が低くなり税金が安くなる場合、その額以下の鑑定料ならば鑑定をしたほうが得になりますから、効果は必ずあります。

司法書士　財産管理や評価など中小企業の体力や株価を評価する場合にも鑑定士の力は大きいということですね。これからは時価評価が重要視される世の中ですから、鑑定士に期待される部分が増えるのではないですか。

問題が起きる前に相談を

弁護士　いままでの弁護士は基本的に裁判に必要な人であり、その延長線上で相談を受けるという図式でした。依頼者と接触をするのは問題が起きてどうにもならなくなってからです。もう少し早く手を打っていればまだ何とかなったのにというケースがたくさんあるのですが、普段から弁護士と付き合っている中小企業の経営者はあまりいませんね。やはり、弁護士への相談はどうしても個別の事件ごとになり、問題が解決した後も依頼者の相談などでつき合っていくことは少ないです。順番で言うと、最初に相談をするのが税理士、社会保険労務士、司法書士さんということになります。

建築士　弁護士さんの場合、相談するにも高額だというイメージがありますからね。

弁護士　もっと早ければ有利に解決できたかもしれないのに、時機を逸してしまうと手間ひまがかかります。裁判というのは正直いって時間がかかり効率の悪い仕事です。一つの訴訟で最低一年はかかりますからね、どうしても費用が高くなってしまうのです。しかし簡単に解決ができればそれほどの費用にはなりません。経済的利益があった場合はそれなりの報酬はいただきますが、依頼者が被ったかもしれない不利益を簡単に除去できた場合は、そんなに費用はかからないのですよ。

司法書士　トラブルが大きくなる前に弁護士に相談することが中小企業にとって得策になるということですね。最近はＡＤＲ（裁判外紛争解決）が浸透しつつあります。仲裁人制度なども、結構安くていい解決ができます。

弁護士　当初は簡易裁判所に「調停」という制度があるのに同じようなものを有料で作ってどうするのかと思っていましたが、仲裁人の能力、スピードなどを考慮すると、調停制度のメリットはかなりありますね。

税理士　弁護士を使うだけではなく、そうした様々な制度を利用して大きなトラブルになる前に解決したほうが賢明であるということですね。

弁護士　現在抱えている問題が将来どういったリスクに結びつくのかわからないまま進むと大変なことになってしまうことがあります。相談者は弁護士に相談さえすれば明確な答えが導き出せると思っているようですが、実際は相談者が一番得たいと考えている利益、一番避けたい状況は何かを前提として、そのために何をするべきかが弁護士もわかっていなければ答えは出せません。

税理士　士業の仕事の多くは結果の処理です。これからは結果を出す前に専門的に関わっていくことが重要ということですね。

専門家の〝得意分野〟を活かす

建築士　こういう分野の専門家を紹介して下さいという話はよくあります。弁護士でも、税理士でも、その人が得意としている分野がわかると紹介しやすくなるのですが。

税理士　税理士の場合はどの分野が得意かということを広告などで出すことは倫理委員会で規制されているんです。

弁護士　弁護士会でも広告が解禁になったときに何ができるという表現は望ましくないとされました。ただ、関心がある分野は何かを言うのはいいとされています。

調査士　一般の人にしてみれば得意な分野を明記してもらったほうがわかりやすくていいのですが…。

司法書士　価格での勝負という話もありましたが、それよりも専門家の側が得意分野を活かしていくことが必要です。税理士、弁護士には顧問という慣習がありますが、それ以外は顧問というものが原則的にありません。たとえば、相続が発生しているのに手続きをしていないケースが世間にはいっぱいあります。そんな方々には相続登記をしていきましょうという話もどんどんしていかなければいけません。

税理士　反面、専門特化していくということは、専門外のことはやらないというイメージにもつながりかねませんから、ある意味でマイナス面もあります。かといって広く浅くでは依頼者の期待に十分に応えられない面も出てしまいます。

建築士　社会は時代とともにどんどん変わります。専門家に対する期待はこれからも高まっていくでしょう。その期待に応えられるように質を高め責任を果たしていくことが必要かと思います。これからは一つの問題に対し、司法書士、弁護士、行政書士、税理士などでチームを組んでいくような方向が増えていくと思います。

Part3

新法・新制度

の活用術

Q1 新会社法で経営にどんな影響があるの？①

当社は株式会社とは言っても名ばかりの小さな会社ですが、今回の会社法の改正によって機関設計が自由になったということですが、当社は今後どのように会社の組織を整えたらよいでしょうか。

（60歳・会社経営者）

取締役会の不設置と取締役の人数

Q 新しい会社法（以下、新法という）というのは使い勝手がよくなったんですかね。

A（弁護士） そうですね。一般的には今回の会社法の改正に当たっては中小企業関係者をはじめとして広く意見を取り入れたと聞いていますし、経営の機動性、柔軟性を高める方向での多くの改正がなされていると言えますから、使い勝手はよくなったと言ってよいでしょう。

Q 今までの会社法（以下、旧法という）だと取締役は少なくとも三名は必要だとされていました。そこで私と私の息子と弟が取締役になっていたのですが、弟には名前を借りていただけなんです。そういうことって、すっきりさせることはできないもんですか。

A　できますよ。まず新法によれば、旧法のように取締役会を設置することを強制されません。つまり定款変更手続きをすれば、株式会社において「取締役会」をなくすことも、できることになったのです。そして、「取締役会を設置しない株式会社」では、取締役は一人以上いればいいことになりました。だから御社もこの「取締役会を設置しない株式会社」にすれば、弟さんの名前を借りる必要もなくなるわけです。

Q　へえ、取締役会は置かなくてもよくなったんですか。そうすると当然、取締役会を開くということもなくなるんですよね。

A　そうです。中小企業の株式会社は、ほとんど、取締役会は開かずに必要最低限の議事録だけを作成しているというのが実態でした。その実態を正面から捉え、新法は「取締役会を設置しない株式会社」というのも認めたのです。

取締役の任期と監査役

Q　今まで取締役の任期は2年だったので2年ごとに登記し直していたんですが、その点も変わったんですか。

A　それについても新法は改正していますよ。（取締役会を置くか置かないかにかかわらず）定款で取締役の任期を10年まで延長できることにしたのです（ただし、非公開会社に限る）。だから任期を延長すれば、登記は10年に一度で済みます。

Q　へえ、そんなにすっきりしちゃったのですか。

Q　監査役については、どうでしょうか。今まで女房の名前を借りていたんですけど……。

A　監査役についても改正されてます。取締役会を設置する株式会社は今まで通り監査役を置かなければならないのですが、「取締役会を設置しない株式会社」は監査役を置く必要はなくなりました。定款で任意に置くことはできますけどね。

株主総会の権限強化

Q　じゃあ、株主総会はどうなります。定款でなくすってわけにはいかないんですか。

A　それはありません。株主はいわば会社の所有者ですから、その意思決定機関である株主総会をなくすというわけにはいきません。むしろ、「取締役会を設置しない株式会社」における株主総会の権限は万能とされ（旧法下では制限されていた）、強化されているんです。

Q　しかし、当社の株はほとんど私が持っているんです。

A　株主総会をなくすとか、開かないというわけにはいきません。けれど、「取締役会を設置しない株式会社」では、招集を電話でしてもよくなったし（旧法下では書面またはメールによる必要があった）、招集通知には議題を記載したり、計算書類を添付する必要もなくなり（開催場所の制限もなくなった）、手続きが簡易化されています。それでもどうしても面倒だというのなら、いっそのこと株式を全部取得して一人会社にしたらどうですか。いつでもどこでも一人で株主総会を開けますよ。

ポイント

1 新法では取締役会のない株式会社も可能

2 「取締役会を設置しない株式会社」では取締役の人数は一人でも可

3 「取締役会を設置しない株式会社」では監査役なしでも可

4 取締役の任期は定款で10年まで延長できる

5 新法では「取締役会を設置しない株式会社」における株主総会の権限が強化されたが手続きは簡略化された

Q2 新会社法で経営にどんな影響があるの?・②

新会社法が施行されると、決算書を公開しなければならないと聞きましたが、どういうことでしょうか。また、会計参与という制度ができるそうですがどういうものでしょうか。その他にも会計処理上の変更点があれば教えてください。

(50歳・会社経営者)

貸借対照表及び損益計算書の公告

Q 新会社法では、決算書を公開しなければならなくなるそうですね。

A(税理士)。それは違います。というのは、今までの商法においても、株式会社は貸借対照表またはその要旨を、資本金5億円以上または負債合計200億円以上の株式会社はそれに加えて損益計算書またはその要旨を、官報・日刊新聞・ホームページ等に公告する義務はあったのです。ただ、今までは、中小会社のほとんどが公告をしてきませんでしたし、取り締まりもされてきませんでした。

しかし、会社法に関する国会の質疑の中で決算公告に関する罰則について言及されたこと、金融機関や信用調査会社が決算書の公開を求める発言をしていること、そもそも法令順守は世の中の流れであること等の理由から、新会社法の施行を機会に、決算公告をしなければならない状況になるのではないかと言われているのです。

Q そういうことですか。しかしわが社はとても人様にお見せできるような決算書ではありませんし、公開しなくて済む方法はありませんか。

A 有限会社は、会社法施行後においても決算公告の義務がありませんから、会社法の施行前であれば有限会社に組織変更しておくという方法がありました。しかし、会社法施行後は、新たに有限会社を作ることができないため、合名会社、合資会社、合同会社に組織変更するしかありません。

しかし、決算書の公開が当たり前の世の中になった場合、金融機関との付き合いを考えると、決算公告がないということは不利になるのではないかとも考えられます。

逆に、信頼性の高い決算書を作成し、これを公開すれば、金融機関や取引先から高い評価を得ることができ、差別化を図ることができるかもしれません。会社法では、中小規模の株式会社の計算書類の適正さを確保するために、会計参与制度を創設しました。

会計参与

Q なるほど、その会計参与について教えてください。

A 会計参与は会社の役員であり、税理士（税理士法人）または公認会計士（監査法人）でなければなることができません。定款に会計参与を置く旨を定め、その氏名等を登記することにより設置できます。ただし、有限会社は設置することができません。

Q どのような役割をするのですか。

A 最も重要な役割は、取締役と共同して決算書等を作ることです。その他の役割としては、取締役会や株主総会に出席して意見を述べること、決算書等を5年間備え置き株主や債権者の閲覧・交付に応じること等があります。

会計参与を置くメリットと問題点

Q　役割はよくわかりましたが、今お願いしている顧問税理士とあまり差がないように思います。会計参与を置くメリットは何かあるのでしょうか。

A　ズバリ言ってしまえば、金融機関から融資を受ける際に有利になるということでしょう。

今まで中小企業では、法人税法が求める会計処理の方法を基に決算書等を作成するということが普通に行なわれてきました。これは、本来計上すべき経費の計上をやめてしまったり、またその逆もあったりと、会計上も商法上も適正とはいえない方法でした。

しかし、会計参与が決算書等を作成する際には、一般に公正妥当と認められる企業会計の基準（以下「会計基準」）または中小企業の会計に関する指針（以下「会計指針」）に拠るべきとされ、その作成した決算書等に誤りがあったり虚偽記載があったりした場合、会社や債権者等に対し損害賠償責任を負う可能性があります。従って、会計参与が作成した決算書等は、会計基準や会計指針に準拠した信頼性の高いものとなるはずです。そのため、会計参与設置会社に対して金融機関が融資をする際、担保や保証の軽減、金利の優遇、審査の簡略化、融資額の増額等の有利な条件を提示してくる可能性が高いのです。その他にも、取引先に対する信頼性が高まり、差別化を計れるかもしれません。

Q　なにか、いいことばかりのように思えるのですが、当然デメリットもあるんでしょうね。

A　はっきりデメリットと言ってしまってよいか迷いますが、確かに問題点はあります。

まず第一に、少なくとも会計指針には従って会計処理をしなければならないということです。例えば、今までは節税のためというより利益を膨らませるために減価償却費の計上額を調整するという処理が多く行なわれていますが、会計指針はそれを認めていません。また、引当金や時価が著しく下落した資産の評価損の計上も強制されます。

第二は、会社に対して非常に大きな人的負担や費用負担が生ずるということです。会計参与が決算書等を作成する上では、今までの顧問税理士等よりはるかに多くの詳細な資料の提出が求められるものと思われます。また、会計参与に支払う報酬もかなり高額なものになると予想されます。

第三は、取締役と会計参与の意見が合わなかった場合です。この場合、会計参与は辞任するか株主総会で意見を述べることとなりますが、いずれにしても会社側は、臨時株主総会を開いて、新たな会計参与の選任をするか会計参与を設置する旨の規定を定款から削除するという対応が必要になるでしょう。そうしないと決算書等の作成ができなくなってしまいますから。

Q 会社の信用とか銀行からの融資のことを考え

税法基準と会計指針のおもな相違点

項目	税法基準	会計指針
貸倒引当金	法定繰入率または過去の貸倒実績率等により計上する。	貸倒見込額全額を計上しなければならない。
有価証券	売買目的有価証券は時価で、それ以外は取得原価で評価する。	売買目的有価証券に該当しなくても、市場価格のある株式を多額に保有している場合、時価で評価する。
棚卸資産	法定評価方法は最終仕入原価法。	著しい弊害がない場合のみ最終仕入原価法を認める。
ゴルフ会員権	評価損の損金参入は認めない。	時価が著しく下落した場合においてその金額が大きい場合、評価損を計上しなければならない。
賞与引当金	損金算入を認めない。	必要額を計上しなければならない。
退職給付引当金	損金算入を認めない。	10年以内で必要額を計上しなければならない。
減価償却費	法定償却限度額以下であれば任意の額を計上できる。	経営状況にかかわらず毎期継続して規則的な金額を計上しなければならない。

るとぜひ取り入れたい制度だと思うのですが、わが社にとってはハードルが高いですね。うちの顧問税理士が受けてくれるといいのですが。

A　よく相談してみてください。

株式会社（有限会社）は税法基準から会計指針へ

A　ところで、先ほど少し触れました会計指針ですが、会社法の規定によれば、会計参与の設置の有無にかかわらず、また、有限会社であっても従う必要があるのです。従って、減価償却だけでなく他の多くの会計処理についても今までとは異なる処理が求められることとなります。

Q　その結果決算書の内容が悪化してしまった場合、銀行の反応が心配です。

A　それはわかりますが、会計指針に従っていない決算書等を作成しているほうが、金融機関に対してよりマイナスイメージになるのではないでしょうか。それだけでなく取引先からの信用も失ってしまうかもしれません。前向きに考えてください。

ポイント

1　株式会社はすべて決算公告があたりまえに。
2　会計参与の設置はメリット・デメリットをよく考えて。
3　会計指針に従って正しい決算書等の作成を。

Q3 新会社法で経営にどんな影響があるの？③

新会社法施行を機に株式会社の定款を見直したほうがいいと聞きました。どのような見直しをするといいのか教えてください。また、以前から設立していた有限会社を今後どうすればいいのかをアドバイスしてください。

（55歳・会社経営者）

新会社法と定款

Q 新会社法施行を機に株式会社の定款は見直すべきですか。

A（司法書士） 是非、見直すことをお奨めします。なぜなら、旧法に較べて新会社法のほうが会社の実情に合うように変更されているからです。例えば、Q1で述べたように取締役会をなくしたり、取締役の人数を減らし、任期を延長する場合も会社の定款変更手続からはじめます。新会社法は、従来の定款規定と異なる規定をたくさん求めています。

株券の原則不発行

Q　どのような箇所を見直すのですか。主なものを教えていただけますか。

A　そうですね。定款の最初の方から順にたどってみますと、まず、株券が原則不発行となりました。今まではほとんどの会社が「株券を発行する」との定款規定をおきながら実は株券を発行していないというわば定款違反の状態でした。これからは、実際に発行する会社だけが「株券を発行します」との規定をおくことになります。従って、株券を発行しない会社は「株券を発行する」という規定を削除してください。

株式の譲渡制限規定

Q　他にもありますか。

A　株式の譲渡制限規定を検討する必要があります。いままでは取締役会の承認を要する旨の一律の規定でしたが、取締役会を設置しない会社では取締役会の承認はあり得ません。株式会社の承認になります。株式会社の承認が株主総会の承認なのかそれとも会社代表取締役の承認なのかという問題も生じます。それと、全株式ではなく特定株式のみ承認しなければならないという扱いもできるようになりました。（これは後述の種類株式のひとつです）

種類株式の種類の増加

Q 株式の種類も増えたのですか。

A ええ、増えました。全部は紹介しませんが、例えば、議決権を制限する株式、剰余金の配当、残余財産の分配を重視する株式なども可能です。いずれも定款で定めることにより発行します。種類株式は会社の実情を基にその会社に合ったものであることが必要です。会社の相続や事業承継に有効な手段ですので、是非検討することをお勧めします。

相続人等に対する株式の売り渡し請求規定

Q 株主総会の招集や決定の仕方も変わるのですか。

A 株主総会の招集に関しても取締役会設置会社以外の株式会社の場合定款で定めれば例えば会日の一日前の連絡でも可能です。決定の仕方も書面だけでなく電磁的記録による同意の意思表示（電子メールなども含む）もできます。このほかにも定款で定めておけば採用できる規定があります。

定款変更の仕方

Q 定款を見直すといいということはわかりました。ところで、定款変更の仕方を教えてもらえますか。

A わかりました。定款変更は原則として株主総会の特別決議（議決権を行使できる株主の過半数を有する株主が出席し、出席した当該株主の議決権の3分の2以上の賛成をもって決議すること）によります。ただし、特則として、特殊決議を要する場合とウルトラ特殊決議を要する場合、それに株主等全員の同意を要する場合もあります。紙面の都合上個別の内容は省略しますが、注意してください。

特例有限会社をどうするか

Q 従前の有限会社は特例有限会社として存続できると聞いていますが、その後どうなりますか。

A そのとおり、そのまま存続できます。有限会社であることのメリットは①決算公告の義務がないこと、②取締役の任期制限がないこと、③大会社でも会計監査の義務がないことです。

Q デメリットはないのですか。

A デメリットは有限会社法がないことです。法律がないので新たな有限会社の設立はできないし、組織変更をして株式会社から有限会社へ変更することもできません。信用という点でも株式会社には及ばないことになります。

Q そうすると、いずれは株式会社になったほうがいいのですか。

A 最終的にはそうなると思います。ただし、特例有限会社から株式会社への変更は、商号変更の決議をすればよいことになりましたから、急ぐ必要はありません。

特例有限会社も定款の見直しが必要

Q では、特例有限会社になっても何もしなくていいのですか。

A いや、そうではありません。特例有限会社においても定款の規定を見直す必要があります。株式会社で述べたのと同じように定款規定を見直すようにしてください。

合同会社（日本版ＬＬＣ）について

Q 話が跳んでしまいますが、先日、取引先から、お互いが持っている優れた技術を生かして共同で事業開発をしないかとの誘いがありました。新会社法でなにかいい方法はありますか。

A 新たに創設された合同会社（一般には日本版ＬＬＣと言われています）はどうですか。

Q ＬＬＣですか。どのような会社なのですか。

A ＬＬＣは、Limited Liability Company の略で、欧米で普及している制度を日本に取り入れたものです。特長は、第1に、有限責任社員のみで構成され、出資者は出資を限度に責任をとればいいこと。第2に、内部の取り決めや利益の分配を比較的自由に定めることができるということです。双方の技術を生かした共同での事業開発という目的を達成するための組織としてまさにぴったりであると思います。ただし、平成17年8月に新設されたＬＬＰ（有限責任事業組合）も同時に検討してみては如何でしょうか。

Q ＬＬＰですか。違いを教えてください。

A ＬＬＰについては本書の「ＩのＱ１」で説明していますので、そこを読んでいただきたいのですが、一言で違いを言うとすれば、ＬＬＣには法人格がありＬＬＰには法人格がないことです。税金等に影響が出てきます。まずは、検討してみてください。

ポイント

1　新会社法施行を機に定款を見直すことが必要
2　見直す主な箇所は、
①　株券の不発行
②株式の譲渡制限規定
③種類株式の発行
④　相続人等に対する株式の売り渡し請求規定
⑤株主総会の招集及び決議等
3　定款変更の仕方
4　特例有限会社をどうするかを検討する
5　特例有限会社の定款見直しも必要
6　合同会社（日本版ＬＬＣ）を利用した共同事業

Q4 不動産登記法の改正でどうなるの？①

近々、銀行から融資を受けるにあたり、不動産に担保設定する予定ですが、個人で担保提供する不動産が先日亡くなった先代の名義のままです。また、事業縮小のため本社近くの不動産を売却する予定もあります。権利証がなくなるなど不動産登記手続が変わったと聞きましたが、どのように変わったのでしょうか。

（50歳・会社経営者）

権利証が発行されなくなる

Q 法律の改正で不動産の権利証がなくなると聞いたのですが。

A（司法書士） これまで、売買、贈与、相続等、不動産の権利を取得した場合、不動産登記が完了すると、登記済証（いわゆる権利証）が交付されていました。これが、不動産登記法改正（平成17年3月7日施行）により、権利証は発行されないことになりました。

Q なぜ権利証が発行されないことになったのですか。

A 登記手続にオンライン申請（電子申請）が導入されることとなりました。背景には、電子政府を実現するためすべての行政手続をオンライン化するという政府全体の方針に従い、不動産登記についてもオンライン化を進めるという流れがありました。そして、オンライン申請による場合、すべての情報を電子情報として送信しなければならないことから、書面としての権利証は廃止することになったのです。

Q　これからはオンライン申請でないと登記申請できないのですか。

A　オンライン申請は導入されましたが、オンライン申請に並行して書面申請の方法も残されましたので、これまでどおり書面で登記申請することはできます。改正不動産登記法施行後も現在のところほとんどの登記が書面申請で行われているのが現実です。

既存の権利証は生き続けている

Q　権利証が発行されなくなるなら、手元の権利証はもう必要ないのですか。

A　権利証が発行されなくなるといっても、現在お持ちの権利証が無効になるわけではありませんし、要らなくなるわけでもありません。これまでどおり、不動産を取得してからその後に売却、担保設定する等、次の登記を書面で行うときには、権利証の提示が必要です。権利証を提示するのは、本人確認のためでもあります。決して破棄などしないで引き続き大切に保管してください。

「登記識別情報」が発行される

Q　権利証が発行されないのはいささか不安ですが、その代わりになるものは何か発行されますか。

A　今後は、権利証に代わり「登記識別情報」が発行されます。「登記識別情報」とは、無作為に選ばれた「十二桁の英数字」で、いわば「暗証番号」のようなものです。これまで、権利取得後の次の登記申請時に本人確認のために権利証を提示していたように、今後は「登記識別情報」を提示することになります。

Q　権利証と違って法務局の登記済みの「赤いはんこ」は押されていないのですね。「登記識別情報」の取扱の注意点はありますか。

A　「登記識別情報」は、「登記識別情報通知書」に印刷され目隠しシールが貼付されて見えない状態で発行されます。次の登記は「十二桁の英数字」を情報として提示するだけでできてしまうので、情報が漏れないよう厳重に管理しておくことが絶対に必要です。これまでは、権利証が盗まれれば物理的にすぐ紛失がわかりましたが、「登記識別情報」は盗み見されるだけで情報は漏れてしまうので「なりすまし」等悪用の危険性が高くなります。「見せない・教えない・渡さない」よう徹底した管理が必要です。目隠しシールは一度はがしたら再度貼ることができないようになっていますので、必要がない限りシールははがさず保管することをお勧めします。

Q　どのような登記でも発行されるのですか。

A　権利取得のときに限って（申請人自らが登記名義人となる場合）発行されます。その発行は、不動産ごと、申請人ごとに発行されます。たとえば土地一筆、建物一棟を夫婦共有で購入した場合、「登記識別情報」は合計四通発行されます。また、不動産担保設定も権利取得の登記ですので、「登記識別情報」が銀行宛に発行されます。

「登記識別情報」の管理は

Q　今回の融資で担保提供する不動産のうち、先代名義のままの不動産は相続登記が必要だと思いますが、この場合どうなのですか。

A　現在、権利証から「登記識別情報」への切り替え作業（法務大臣のオンライン指定による）が、順次法務局ごとに行われています。切り替え作業が行われる前は権利証が、切り替え作業完了後は「登記識別情報」が発行されることになります。管轄の法務局がいずれにあたるか、詳しくは司法書士にお尋ねください。

ちなみに、相続登記後に担保設定登記を申請するときには、相続登記時の権利証または「登記識別情報」のいずれか発行されたものを提供することになります。

Q　権利取得でないときは、何も発行されないのですか。

A　権利取得でないときは「登記識別情報」が発行されませんが、どのような登記でも、登記が完了したときには原則的に「登記完了証」が発行されますので、この「登記完了証」のみが発行されます。

Q　〝情報〟だけなんて、管理が大変そうでどうもやっかいな感じがします。

A　権利取得の登記申請時に、あらかじめその通知を希望しない旨の申出をすることができます。「登記識別情報不通知制度」です。この申出をすると、「登記識別情報」は発行されませんので、管理等わずらわしさはありませんが、二度と通知を受けることはできません。また、いったんは「登記識別情報」を発行された場合でも、その後、発行された「登記識別情報」を失効させる旨の申出をすることもできます。「登記識別情報失効制度」です。「登記識別情報」の盗難（盗み見も含め）にあったような場合、この失効の申出をすべきでしょう。この点、権利証が盗難にあっても失効制度はありませんでしたので、法改正で改善された点でもあります。

Q　でも「登記識別情報」がなくて、次の登記ができるのですか。

A　後述するように「登記識別情報」を提供できない場合の代替措置はあります。(「事前通知制度」と「司法書士等の資格者代理人による本人確認情報の提供制度」) ただし、費用負担は発生すると思われますのでご検討ください。

権利証・登記識別情報の提供ができないとき～保証書制度の廃止

Q それと、売却予定の不動産の権利証を紛失してしまったんです。どうすればよいでしょうか。

A 法改正前は、権利証を紛失して次の登記に添付できない場合、保証書手続で間違いない旨の申出をして代用していました。改正により保証書制度は不正に悪用されるなど問題があり廃止されました。保証書制度に代えて、「事前通知制度」と「司法書士等の資格者代理人による本人確認情報の提供制度」が創設されました。権利証に限らず「登記識別情報」を紛失したときにも同様、また紛失以外にも「登記識別情報不通知制度」「登記識別情報失効制度」を採用していて提供できないときも同様です。

Q これまでのように、保証人に保証書を書いてもらう、といったことは必要なくなったのですね。

A ご質問のような場合、実際に売却が決まってから、決済の際に売却による所有権移転登記申請を法務局にしますが、その申請を受けて法務局から確認の通知が来ますので、法務局にあてて間違いない旨回答を送ります。法務局からの通知は、本人限定受取郵便などで確実に本人に配達される方法で来ます。「事前通知制度」というのは何ですか。

権利証または「登記識別情報」を提供すべきときに提供できないとき、法務局が、その登記申請が間違いないか事前の通知により確認するのです。これが「事前通知制度」です。

Q もうひとつの「資格者代理人による本人確認情報の提供制度」というのは何ですか。

A 司法書士等の資格者代理人が本人確認をして、適切なその情報を提供できれば、法務局の事前通知は省略され登記手続されます。本人確認のため運転免許証等確認できるものを司法書士に提示してください。法務局の「事前通知制度」は郵便のやりとりが必要なのに対して、その期間日数が要らなくなるため手続が迅速になります。手続の詳細は、司法書士に相談してください。

ポイント

1　不動産登記法改正により権利証（登記済証）は今後発行されず、「登記識別情報」が発行されることとなった。権利証から「登記識別情報」への移行は法務局ごとに順次行われている。

2　「登記識別情報」は、「見せない・教えない・渡さない」。

3　すでにある権利証はまだ生き続けているので破棄などせず引き続き大切に保管しなくてはいけない。

4　権利証や「登記識別情報」を提供できないときは、「事前通知制度」と「司法書士等の資格者代理人による本人確認情報の提供制度」で手続をする。後者の方が手続が迅速。

Q5 不動産登記法の改正でどうなるの？・②

会社の倉庫が手狭になったので、近々新しい倉庫を建てたいと思っています。融資先の銀行から土地の分筆を勧められたのですが、いったいどんな手続きなのでしょうか。また隣地と境界でもめているのですが手続き上問題ありますか。

（53歳・会社経営者）

土地の分筆とは？

Q 実は今度倉庫を建てる土地は、会社が建っている土地の隣地で私個人の所有地であり自宅もそこに建っています。銀行から今のままでは、自宅部分も担保に入れなければならないと言われたのですが、どうしてなのかよくわかりません。

A（土地家屋調査士） そうですね、銀行は原則として土地とそこにある建物全てを担保に取るのですが、今回のような場合一つの土地上に、自宅と倉庫が建築されるわけですから自宅部分にも影響があるわけです。そこで土地の分筆という手続きが有効な手段となってくるわけです。どのような手続きか、簡単に説明いたしますと要は一つの土地を二つ以上に分ける作業のことです。つまり今回のケースでは自宅部分と新しく倉庫を建築する部分の土地を二つにすることを土地の分筆といいます。これによって自宅部分は担保に差し入れる必要がなくなります。

分筆がやりにくくなる？

Q 銀行で、今年から法律の改正で土地分筆手続きが難しくなったと聞いたのですが、どのように変わったのですか。

A 実は、平成17年3月7日に不動産登記法の改正がありました。土地の分筆などの不動産登記を管理しているのは法務局というところですが、ここに土地分筆登記の申請をすることになります。まず、分筆する土地の測量や境界立会いを行い土地分筆登記の申請書に添付する地籍測量図の作製をするのですが、この図面の作製方法が大きく変更しました。

分筆登記をする際に法務局へ提供する土地の地積測量図は、原則として分筆後の土地の全てについて

1、地積（土地の面積）の求積方法
2、筆界点間の距離
3、筆界点の座標値
4、引照点の記載（境界点を特定するための点）

を明らかにしなければならなくなりました。ポイントは、「全ての土地の地積を求めなければならない」という部分です。もし分筆前の地積と分筆後の地積の差が誤差の範囲（地域区分、面積によって誤差範囲が決まっている）を超えるときには、地積の更正の登記（正しい面積に訂正する手続き）の申請をしてからでなければ分筆登記をすることができなくなってしまったのです。

Q やはり、以前より大変なようですね。

A 改正前の不動産登記法では、分筆される側の土地だけ地積の求積を行い、残りの土地については、

便宜上、登記簿に記載されている面積から分筆する土地の面積を差し引いて登記申請することができたので、地積更正登記をすることなく分筆登記をすることができました。

また、地積更正登記には隣地所有者の境界確認書（実印押印、印鑑証明書の添付）が必要なのですが、地域によってはなかなか入手することが困難であり　その結果、土地分筆登記ができない場合も出てきますし、地積更正登記をしなければならない可能性が出てきたことによる申請人への費用負担が大きくなったと言えます。

筆界特定制度とは

Q　実は、私の土地は隣地と境界でトラブルがあるのですが、そのような土地でも手続きできますか。

A　もちろん、我々土地家屋調査士が専門家としてのノウハウを生かして作業にあたります。それでも土地の境界線について所有者同士の合意が得られず争いになる事例は数多くあります。この場合の解決方法として、「境界問題センター（土地家屋調査士と弁護士が手を組み境界問題を解決する）に依頼する」「訴訟を起こす」といった方法があげられますが、それぞれ一長一短があり、解決に至らず放置されている事例も多くあります。

Q　境界トラブル解決にいい方法はないのですか?

A　2005年4月13日の不動産登記法の一部改正では、境界問題の解決方法として新たに「筆界特定制度」が創設されました。これは法務局の登記官が、筆界調停委員の意見をふまえて筆界を特定する制度で、筆界を迅速かつ適正に特定し、土地取引の促進や都市再生計画の円滑な実施を図ります。この制度の関連法令の整備が現在行われています。

筆界特定制度の流れ

Q もう少し具体的に手続きの流れを教えてください。

A 筆界特定の申請は、法務局内の筆界特定登記官（法務局職員）が受理し当該筆界を特定するための作業を開始します。筆界特定登記官は、法務局内の資料はもとより、市役所や県庁、区画整理事務所等、関係機関から当該筆界を特定するための必要資料を集めます。一方、あらかじめ法務局長から筆界について専門的知識を有するものとして指定を受けている筆界調査委員（土地家屋調査士等）が、現地に立ち入って、当該筆界の特定のために必要な調査・測量を行います。そして筆界調査委員は、筆界特定登記官に対し現地の調査・測量の結果、筆界特定について意見を提出します。

筆界特定登記官は、筆界調査委員から意見が提出されたら、

・筆界調査委員の意見・法務局内外の資料、

・対象土地、関係土地の状況（地形、地目、面積）

・工作物、囲障、境界標識の有無。その他のあらゆる事情を考慮して、当該筆界を特定します。

そして、特定した筆界の内容を世間に公告するとともに、申請人や関係人（隣地所有者）に通知します。

Q その通知にどちらかが不服がある場合はどうなりますか。

A もちろん筆界特定登記官の特定した筆界線に甲さんどちらかが不服という場合もあるでしょう。その場合は、司法（裁判所）の場で解決を図ることになります。ただしその場合、筆界特定登記官を相手取る訴訟ではなく申請人と関係者が、原告、被告に別れて争う従来どおりの境界確定訴訟としての裁判となります。

メリット

◎法務局内での資料は隈なく活用される

◎裁判よりも短期に決着するといわれている。

◎弁護士報酬等が不要。

◎裁判では、当事者が原告・被告の対立構造をとりますが、この制度では隣人関係の悪影響がすくない。

デメリット

◎この制度によって特定された筆界線に不服がある場合、結局一から境界確定訴訟をしなければならない。

◎申請人側からすると費用については一概に安いとは言えない。

◎所有権に関する境界線には関与しない。

◎最終的に特定される筆界が、線でなく範囲の場合もある。

ポイント

1　土地の分筆がやりにくくなった。
2　地積更正をしなければ、分筆ができない場合もある。
3　法務局で土地の境界問題を解決できる制度ができた。

Q6 新・競売制度と競売物件購入のノウハウを教えて

会社の業績が上向いてきて、資金的に余裕が出てきましたので、投資目的で不動産を購入しようかと考えています。そこで裁判所の競売物件で掘り出しモノを買う方法を教えてほしいのですが。

（名古屋在住・50歳・会社経営者）

「最低売却制度」の見直し

Q 以前から裁判所で売り出す競売物件はおおよそ市価の30％程度安いというのを聞いたことがありますが、素朴な疑問としてなぜそんなに安く買えるんでしょう？

A（不動産鑑定士）　それは、競売で買える値段が市価より30％安いという意味ではありませんよ。ただ、裁判所が最初に売り出す「売却基準価額」が一般市場価格より30～50％安いというのは確かです。

Q えっ、「売却基準価額」って何ですか？　裁判所の競売は最低この金額以下では売らないという「最低売却価額制度」をとっていると聞いたのですが、それと同じ意味ですか？

A そうです。平成16年の民事執行法の改正で「最低売却価額制度」の見直しが行なわれたのです。平成17年4月から全国の地方裁判所で一斉にスタートしたのですが、その見直しの内容というのは、不動産鑑定士である評価人が算定した評価額をベースにして、まず売却基準価額が決定され、その価額から

20％下回る価額（買受可能価額と言います）以上の金額であれば入札できることになったのです。例えば評価人が1000万円で評価した物件があったとしますと、裁判所はその金額が諸般の事情に照らし妥当と認めれば同額の1000万円を売却基準価額とします。そしてその20％減の800万円を最低入札可能価額（買受可能価額）としてそれ以上の価額であれば入札オーケーという制度に変更したのです。

Q そう言われれば、新聞で見た競売物件情報には、物件所在地の左の欄に「売却基準価額（万円）」という項目がありましたね。そこに書いてある金額のことなんですね。

競売不動産のデメリット

A 競売のスタートラインを思い切り引き下げることによって、たくさんの入札参加者を競売市場に呼び込もうとする執行裁判所のねらいなのですが、競売不動産を塩づけ状態にさせないために考えられた方策ですね。それから、なぜ安く売り出すのかという先ほどのお尋ねの件ですが、まず第一に買い受けてもすぐ使用できなかったり、第三者が居座っていて不動産の引き渡しがスムーズにできなかったりするケースがあること。また、建物内部の確認調査が事前に十分できないケースがあること。さらに、買い受けた物件に欠陥、キズがあってもアフターケアを受けられない、事後的保証がないというデメリットト要因があるので、こういったマイナス面を考慮して裁判所は安く売り出すことにしているのです。

Q 今、建物内部の確認が十分にできないと言われましたが、最近新しい制度ができて建物の中を見られるようになったということを耳にしたのですが？

「内覧制度」が新設されたが…

A　よくご存知ですね。平成15年の法改正で創設された内覧制度のことですが、これは執行官が引率して買受希望者を不動産内部に立入らせて確認させる制度です。ただし、買受けの希望があれば誰でも自由に内覧参加申し込みができるというわけではなく、競売申立人（差押債権者）の書面による申し込みが必要で、さらに占有者（所有者）の了解が得られなければ裁判所は内覧実施命令が出せないという縛りがあるので、全国的にもまだ数件程度しか活用されていないようです。占有者側のプライバシー保護と買受希望者への情報提供の両面を考慮しすぎたために、中途半端な、あまり機能的でない法改正になったと言えそうです。

ところで、あなたは先ほど、投資目的で競売不動産を購入したいと言われましたが、投資対象としては賃貸ビルですか、それともマンションなどを考えているのですか？

Q　いえ別に、特に何をと決めているわけではありませんが、例えば都心の中古マンションを競売で安く買って、他人に賃貸すれば高利回りで、定期収入が見込めるんじゃないかなとは思っていますが……。せっかくですからマンションを競売で購入する場合の注意点について教えてください。

購入のポイントは的確なプランづくりから

A　いいですか。不動産を購入するというのは高額になりますので、そんなに気楽に決めずに慎重に物件選定をしてほしいですね。大事なことはまず最初に、購入希望物件の種類と条件を明確にしておくことが重要です。そして預貯金がたくさんあるからといって、資金計画をおろそかにしてはいけません。購入対象がマンションであれば、その所在エリアをどこからどこまでにするとか、最寄駅から徒歩10分以内で、築後何年以内にするとか絞り込んでください。そして購入予算をいくらまでにするのか、すべて現金でまかなえるのか等々……競売で何より大事なことはしっかりとしたプランづくりです。

Q 2000万円～3000万円までのマンションであればすべて自己資金でまかなえるのですが、それ以上になってしまうと一括現金では購入できません。競売ってローンでは買えませんか？

競売物件でも銀行ローンが組める

A ちょっと前までは競売不動産の購入はすべて現金一括払いが原則で、ローンでの支払いはダメでした。ところが、この現金払いだけの決済では一般消費者に対して「開かれた競売」とはとうてい胸を張って言えませんので、裁判所は平成10年12月から競売不動産の購入の際に一般の不動産を買うのと同じく銀行ローンが組めるように改正したのです。これは一般の買受人にとってみれば大変有利な制度ですので、取引先の金融機関の融資係に問い合わせることをお勧めします。

Q ところで、競売物件の情報を得るには新聞とか週刊住宅情報しかないのですか？　パソコンを使って競売情報を知ることはできないのですか？

インターネットで競売情報をキャッチ

A ええ、ありますよ。裁判所ではインターネットにホームページを設けて競売情報を提供しています。「ＢＩＴシステム不動産競売物件情報サイト」がそれです。アドレスはｈｔｔｐ：／／ｂｉｔ．ｓｉｋｋｏｕ．ｊｐ／です。このサイトは各地方裁判所の不動産競売物件を検索し、かつ電子化された物件明細書、現況調査報告書、評価書の情報内容（いわゆる三点セットと言われるもので、裁判所の競売係に設置されています。〔注1参照〕）をダウンロードすることができます。今までは競売事件について入札期日や三点セットを調べようとしたら、どうしても管轄の裁判所へ行かなければ用が済まなかったのですが、家に居ながらにしてネットで情報を得ることができるようになりました。隔世の感がありますね。

Q それは便利でいいですね。早速アクセスしてみようと思いますが、仮に好立地条件の良いマンションが見つかったとして、そこに所有者以外の第三者が居た場合、どんなことに気をつければいいですか？

マンション購入の場合の注意点

A あなたは自己居住用のマンションを買うのではありませんから、たとえ目星をつけたマンションに賃借人が居たとしても、購入後も引き続きその人に賃貸すればいいのです。誰が賃借人として住んでいるのかは、先ほどお話した三点セットのうち物件明細書に氏名などが書いてありますが、注意してほしいのは

①その賃借人が前の所有者に対し支払った敷金がある場合には、その敷金の返還義務があなたに引き継がれること。

②前所有者が管理費と修繕積立金を滞納しているということが物件明細書に書かれていれば、その滞納の全額を、購入した後にあなた自身がマンションの管理会社なり管理組合に支払わなければならないことです。

滞納額が大きい場合には裁判所によっては売却基準価額からその全額を差し引いて売り出すことにしていますから、買受人はその分だけ安く購入したことになるので、あとで請求されても仕

方が無いと言えば仕方がないのですが、当初の予算にその分だけは加算しておいたほうがいいですね。

短期賃貸借制度の廃止

Q 別の質問ですが、新聞で読んだのですが、今までの競売の法律では立ち退かせることができなかった賃借人でも、場合によっては強制的に出せるようになったとか……？

A ああ、「短期賃貸借制度の廃止」のことですね。その点にも触れておきましょう。例えばマンションのケースで、かつての制度下では差押の登記がされる以前から現実に借家人が住んでいる場合は、その賃貸借期間が3年以内という短期であれば借家人は買受人に対し賃借権の権利を主張できました。法律で守られているため一定期間が経過しないと出て行ってもらえなかったのです。しかし、この制度は立退料の請求目当ての「占有屋」に悪用されることが多かったのです。

そこで、これを排除するために短期賃借権は買受人に権利を一切主張できないという内容に法改正をしたのです。（平成15年8月1日に公布）この結果、一般の方が競売に参加しやすくなりましたが、気をつけなければならないのはこの法律の施行日である平成16年4月1日以降に新たに契約を締結する短期賃貸借が保護されなくなったのであって、それ以前からの賃貸借開始のものは期間が満了するまでは賃借権の主張も敷金の返還請求権も買受人に主張できるのです。既得権を認めざるを得ない経過的措置と言えるでしょう。

初回の入札が不売だった場合、裁判所はこうする

Q　購入方法のことですが、裁判所の競売係か執行室に行けば、手続きのこととか入札書の書き方を教えてくれるそうですが、もし「期間入札〔注2参照〕」の第一回目で売れ残った場合は次回にその競売物件は値段を下げて売り出されるのですか？　下げてくれるのであれば何もあえて高い価格で初回に入札しなくても、二回目を待って札を入れればいいと思うのですが。その辺のところはどうなんでしょう。

A　最近の競売の売却率は非常にいいです。平成16年の名古屋地裁（本庁）の売却率は約86％で東京圏では何と92％まで売れています。つまり、お値打ち物件であれば初回の入札でほとんど完売状態です。ただし、第三者が占有しているような賃借権付きの物件の場合は敬遠されがちで、二回目以降に持ち越されるケースもありますので、第一回目が不売の場合の裁判所の売り出し方法をフローチャートでお示しします。参考にしてください。

①期間入札で第一回目が不売となった場合

↓

②売り出し価格を下げずに希望者に申し込み順に売却する（特別売却と言います）

↓

③三ヶ月経っても希望者が現れず、売れ残ったら「裁判所の規則補充」で、初回の売り出し価額から30％ダウンして売り出す。（二回目）

↓

④二回目の期間入札でも不売の場合は、評価人に再評価させ、下方修正した金額で売り出す。（三回目の期間入札にかける。）

↓

⑤これでも不売の場合は競売手続は取り消しとなる。

〔注1〕三点セットのうち①物件明細書には買受人が引き継がなければならない賃借権とか地上権など第三者の権利の記載があり、裁判所の判決の様な書面。②現況調査報告書は執行官が作成するもので、競売物件の物理的現況と登記簿との違いのほか、いったい誰がどのような権限でその不動産を占有しているのかを明らかにした調書。③評価書には不動産の評価額とその評価額を決定した根拠、過程が記載されている。

〔注2〕期間入札というのは、裁判所が一週間以上一ヵ月以内の範囲で入札期間を定め、その期間内に裁判所が定めた買受可能価額以上の入札を受け付け、別に定めた開札期日に開札を行って最高価で入札した人を買受人とする方法。

ポイント

1 最低売却価額制度の変更により、以前より20％安く入札できるように法改正された。

2 競売物件購入のポイントは、プランづくりと資金計画が大事。ローンも組める。

3 たとえ、賃借人が居ても物件明細書などの三点セットを充分に読んで、場合によっては内覧制度を活用できるように申立債権者に申し入れをする。

4 リスクが伴うのでケース次第では弁護士に相談することも視野に入れる。

topics

信託業法改正で新たなビジネスが？

信託財産の拡大と信託業者の拡大

Q　最近信託業法が改正されたそうですね。どのように変わったのですか。

A（司法書士）　信託は、財産を所有する人（委託者と言います）が、一定の目的の下に、一定の期間、他の人（受託者と言います）にその財産を移転して、その財産（信託財産と言います）を管理、収益、処分等をしてもらい、その利益を委託者または他の人（受益者と言います）が受け取る制度です。一般に信託といえば「投資信託」等の投資利殖目的が注目されますが、投資信託は信託の一面しか利用していないものです。信託は長期に財産を管理してもらいその利益を受け取る機能、委託者が死亡した後も委託者の意思を実行し続ける機能、信託財産の分別管理により委託者や受託者の破産等から財産を守る機能などが注目されており、高齢者の財産管理や特定贈与信託を代表例とする親死亡後の子の扶養に利用されています。

信託業法の改正については、第一に、信託財産とするものが拡大されました。従来は金銭、有価証券、土地など六種類だけに限定されていたのが、すべての財産権を対象とすることができるようになりました。

第二に、従来は信託銀行しか事実上信託業ができなかったのが一般の株式会社にも認められたということです。

この信託財産の対象の拡大、信託業への参入窓口の拡大が大きな特徴です。

信託法も改正に

Q これで信託業は規制緩和されたのですか。

A 規制緩和された面がある一方、委託者や受託者の利益が害されないよう規制が新設された面もあります。また、平成18年には信託法そのものも改正されます。先ほどもご説明したように、信託は、財産の長期的管理に適している、委託者、受託者の倒産の影響を受けないなど様々な面で優れた機能のある制度です。事業としてはまだまだ未知の分野ですが、この少子高齢化の時代にはニーズは高いと思います。

〔注〕「特定贈与信託」 重度の心身障害者に対する税法上の優遇措置。個人が重度の心身障害者のために信託銀行に信託をした場合に、その財産価格6000万円まで贈与税を非課税とするもの。

座談会3 ＬＬＰと士業のネットワーク

士業のＬＬＰ

税理士　最初は中間法人とかＮＰＯ、協同組合などいろいろな選択肢を考えました。そうしたときに、ちょうど経済産業省で「ＬＬＰ」に関する法律が作られたんです。

司法書士　ＬＬＰで士業の仕事はできないというネックはありますが、団体としての一つのまとまりが、単なる個人的集団よりも確実なものになるだろうと思ったわけです。

土地家屋調査士　士業は無限責任ですが、ＬＬＰは有限責任ということに大きな違いがあります。ＬＬＰを士業の窓口として、メンバーが社会貢献をするという大きな特徴を持たせることができるのです。つまりＬＬＰは入り口であって具体的な活動は士業が無限責任で行う。個人で活動するよりも、「士業ネットワーク」を作り、大きな情報交換の場になれば社会的にも身近な存在になっていくし、広く深い専門知識を提供できるはずです。

行政書士　士業一人ひとりの活動を束ね、大きな活動につなげることがこれからは必要で、ＬＬＰによる士業の新連携と考えています。士業間でお互いに協力しあってそれぞれの専門分野を掘り下げることはもちろん、周辺知識も獲得することによってより以上のサービスを可能にする効果も考えられます。ＬＬＰは社会貢献であると同時に各士業のグレードアップの場でもあるわけです。

一級建築士　中小企業経営者というのは、総務、財務といった専門職や優秀な外部スタッフにあまり恵まれていません。そうした経営者の相談相手として何らかの専門集団としての組織が必要だろうと思います。

税理士　中小企業経営者にとって、何が経営課題となっているのかを解きほぐせないケースがよくあります。そうした時に、ＬＬＰの誰かに声をかけてもらえれば解決を見いだせる専門家が見つかります。経営者にとっての経営課題を一つずつクリアしていこうというのが、私たちの言う「ワンストップサービス」です。

調査士　中小企業がＬＬＰをつくるメリットとして、すでに企業経営をしているがまだ十分に生かしきれていない場合、他の企業、大学などと連携しながら新しいことを見つけていくための形態の一つとして利用できるのではないかと思います。

司法書士　手続き的には会社を作るよりずっと簡単ですしね。

税理士　ＬＬＰは非常に柔軟な組織体ですから、作るのも解散するのも簡単です。しかもいろいろな異業種が集まることができる。たとえば企業がある商品を企画しようとするとき、そのプロジェクトのためだけにＬＬＰを作ることもできます。

調査士　経産省がＬＬＰを行う目的は新連携をつくり、ベンチャーを育成するためなのです。技術大国日本をさらに成長させるには、柔軟に技術や人材の交換ができる組織体を作り、社会活動をしやすくするというのがＬＬＰです。ですからＬＬＰは永続性を持つ必要はないのです。

士業のコンプライアンス

税理士　多くの士業の中で経営者との窓口に一番なりやすい職業が税理士です。税理士には法律や不動産などの相談も寄せられます。そこで個々のつながりのあるそれぞれの専門家に尋ねることになります。経営者が抱えている問題は大きく広がっているので、より広い専門家のネットワークが必要になっています。もはやこれまでの経験だけでは顧客の要望に十分応えられなくなりつつあるのが現状です。

調査士　これまでの士業は広告制限もあってＰＲが下手で、一般の人には実態がよくわからない面があった。企業は顧客獲得方法の一つとして士業のアドバイスを使い、士業は企業の後ろに隠れていたようなものです。これからはその間に入って、一般の人たちの利益について保護、アドバイスをしていかなければなりません。社会的な認知を受け、市民の正しい知識源になれればいい。

行政書士　昔と違い中小企業といえども会社経営

をしていく上で複雑な問題に直面しています。経営者も勉強をしていろいろな資格があることをわかってきましたが、それらの専門家の探し方がまだわからないのです。

調査士　いろいろな士業それぞれに相談して、自分でコーディネートしているんです。その結果、経営者自身がどの専門家よりも広く浅く知識を持ってきています。経営者から一つの問題を投げかけられたとき、まとまったアドバイスを返すことができればいいのですが、かえって士業単独ではできなかったりすることもありますね。

建築士　それと最近は士業が巻き込まれた社会的事件がよく起きています。我々は法律や国の制度で支えられた専門家集団ですが、我々を使うのは個々の経営者や団体です。ＬＬＰゼフィルスは国の資格を持った者の団体として、あるべき姿をきちんと社会に対して問わなければならないでしょう。今大問題になっている耐震偽装問題を例にとっても、建築基準法上では抜け穴があったにせよ遵法精神からいっておかしいことはおかしいとして助言することで、ＬＬＰとしての総合的評価が出せるのではないかと思います。

司法書士　士業の信用の問題ですね。耐震偽装問題などは、たまたま発覚してマスコミに載っただけではないのかと多くの人が疑念を抱いていますからね。ここでもう一度、自分たちを見直して襟をたださなければ信用回復はできないでしょう。企業のコンプライアンスが盛んに問われていますが、それが士業にも及んできたのではないのでしょうか。我々は危機感を持ち、きちんと行っていることをアピールしていかなければなりません。

建築士　国の資格を得て活動している士業にとって大切なことは国の方針を一方的に伝えるだけではなく、国に対して市民の考え方を伝え、提言していくことです。悪法も法である以上は従わなければなりません。だとすれば、これは悪法だということを市民のために訴えるべきです。我々は国の番犬ではありませんからね。

行政書士　士業が市民と行政の間に立ち、柔軟な発想で法を遵守した上で適正な方法を議論していくことが大切でしょう。そこが士業の活躍の場になり、法が変わる起爆剤にもなるはずです。

司法書士　悪法であっても法は法、それを破ることはできませんが提言していく必要はあるということですね。悪法という不合理を世間に問うのは、個々の士業よりも集団のほうが強い力になる。

税理士　税理士法には税理士会は税法改正等に関する建議ができると定められています。毎年提案をしていますが九九・九％受け入れられません。士業が行政に働きかけても変わらないことでも、世論に対して説いていけば簡単に変わることがありますからね。

ルールの説明役として

建築士　実力主義は法令遵守の世界のはずです。そこではお互いのネットワークを構築し、ルールを守ることがますます求められてきます。ところが実力主義は抜け道を知っているものが強いのだと考えている人もいます。ライブドア事件でも、これは抜け道だと思ったら違法であったということです。法令遵守していたら抜け道はないはずですから。

税理士　クライアントが税理士に期待することの一つが、「上手くやってほしい」ということです。ただ最近の社会情勢の変化によって、かつての「上手いこと」を行うと、かえってお客さんにとって何倍もの税金を払う結果となりかねません。

建築士　「行政から指導を受けているのであなたの言うようなことはできません」というと、「どちらの味方なんだ」と言われたことがあります。まだ法令遵守の本当の意味がわからない方もいますね。

司法書士　世の中にはルールがハッキリしていない部分が多いのです。我々の役目の一つがルールを説明することです。ルールがはっきりしていないため勝手に解釈し、平気で違反する事態が起きる。自由社会での競争は公正なルールがあってこそ成り立つものです。

調査士　これからの士業は法令遵守とクライアントの利益遵守がポイントになるでしょう。

あとがき

ゼフィルス会をLLPゼフィルスに衣替えして初めての大きな企画が、この本の出版となりました。前身のゼフィルス会は不動産に関わる専門家の集まりでしたが、LLPゼフィルスはゼフィルス会のメンバーを中心に、企業経営に関係する専門家を新たに仲間に加え、総勢14名でスタートしました。

この本ではその14名のメンバー以外にも共同執筆を依頼し、中小企業経営に関する内容を充実させることに心がけました。この本は中小企業経営に関する問題を法的な視点から捉え、「リーガルクリニック」と題して新聞に連載した記事を基に、会社法改正等の法改正の内容を織り込んで内容を充実、進化させたものです。再編集にあたり内容を検討した結果、法改正に伴い大幅な改定が必要になった原稿がほとんどでした。執筆者自身が改めて中小企業を取り巻く経営環境の急激な変化を痛感させられることになりました。こうした経営環境の急激な変化が生じている時代だからこそ、私たち専門家がいち早くこの変化に対応し、わかりやすく説明し、一緒になって考えることが社会的使命であると自覚を新たにしました。

今回の執筆にあたり最も心がけたことは、専門知識のない方にとって、単なる法律の説明に終始せず、どうしたらわかりやすく読みやすい本になるかということでした。執筆者間の相互批評を通じて何度も書き直しを行った原稿もありました。また、執筆から出版までの半年ほどの間で法改正などに伴う再校正を迫られる原稿も多々ありました。こうした書き直しによりある程度わかりやすく読みやすいものになったとは思いますが、普段専門用語を使用することに慣れている者同士の相互批評が、読者のみなさんの目線と同じかどうか、読者のみなさんのご批評を待つほかありません。

また、この本の出版を通じて他分野の原稿に触れることで、私たち自身が他分野の有用な情報を知ることができ、よりレベルアップすることにもつながりました。その意味でこの本は、関連分野の専門家の方に対しても仕事に役立つ周辺知識を提供できるものと自負しております。

今日の経済環境は勝ち組・負け組に色分けされ、格差社会の到来などとも言われていますが、そんな時代だからこそ、経営に役立つ有用な情報をいち早く手に入れることが求められます。本書がそうした役割を果たし、ＬＬＰゼフィルスが皆さんの道先案内人となれれば、幸いこのうえないことと思います。

最後に出版についての素人集団である私たちに対し、編集、校正、その他全般にわたり、懇切なご助言をいただいた風媒社の劉編集長に、この場をお借りして厚く御礼申し上げます。

２００6年8月

編集委員代表　税理士　西村文男

■執筆者一覧（50音順）

岩田修一（弁護士）	【Part2】Q1・Q2
上原壱彦（一級建築士）	【Part1】Q9・Q11
岡本雄三（税理士）	【Part1】Q12、【Part2】Q10
角谷晴重（弁護士）	【Part2】Q3、【Part3】Q1
梶田光太郎（土地家屋調査士）	【Part1】Q4・Q7
加藤昌之（一級建築士）	【Part2】Q7・Q8
竹内浩二（行政書士）	【Part1】Q13、【Part2】Q11
竹本弘司（不動産鑑定士）	【Part1】Q3、【Part3】Q6
武田宜久（中小企業診断士）	【Part1】Q7・Q10
田澤　満（行政書士）	【Part1】Q5
田中光彦（社会保険労務士）	【Part1】Q8、【Part2】Q6・Q9
寺町敏美（司法書士）	【Part1】Q2、【Part3】Q3
徳本貴志（土地家屋調査士）	【Part1】topics、【Part3】Q5
中村幸世（司法書士）	【Part3】Q4
西村文男（税理士）	【Part2】Q5・Q12
水野圭爾（税理士）	【Part1】Q6、【Part3】Q2
山本正己（司法書士）	【Part1】Q1、【Part2】Q4、【Part3】topics

経営に活かす！　新・法律活用術

2006年9月30日　第1刷発行　　　（定価はカバーに表示してあります）

編　者　　LLPゼフィルス

発行者　　稲垣　喜代志

発行所　名古屋市中区上前津2-9-14　久野ビル
振替00880-5-5616　電話052-331-0008
http://www.fubaisha.com/　風媒社

乱丁・落丁本はお取り替えいたします。　＊印刷・製本／チューエツ

ISBN4-8331-1072-5